[U]

大学、思想与社会

法国大学的长征

〔法〕克里斯蒂娜·穆塞林 著

卞翠 译

商务印书馆
The Commercial Press

Originally published in France as:
La longue marche des universités françaises by Christine Musselin
©Presses de Sciences Po 2022
Current Chinese translation rights arranged through Divas International, Paris
巴黎迪法国际版权代理（www.divas-books.com）

译丛总序

时序兴废，学府常存，万象变幻，大学恒在。巴黎和博洛尼亚的微光，如星辰闪耀，璀璨夜空，与日月同辉，普照天下。大学，作为欧洲中世纪的机构，如今已蔚为全球的制度。

大学，作为教育文凭和学位的垄断者，曾是少数人的特权之所，如今已成为多数人成长过程的必经之地，是人类重要的生活和生存方式之一。大学，是个人、群体、国家和社会不可或缺的存在，是可持续发展的本基。

大学，在教权与王权的夹缝中诞生，如今不仅赢得了独立自由的地位，更为全人类提供最有价值的公共产品，是人才、思想、知识和科技的渊薮，是社会的轴心，是各国进行国际竞争的利器和法宝。

大学，冲决了信仰对心智的桎梏，放飞心灵，高扬理性，以思想自由引领时代，成为人类创新和社会开放的原动力，带来了人的解放和社会的进步，大学的发展也因为学术自由而生生不息。

大学给社会以深刻的影响，也时刻受到社会的浸润。大学与社会的关系并不总是一帆风顺的，两者始终在不断地相互试探和调适。今天，大学与社会深度纠缠、广泛交融，大学的社会功能、核心使命和公共信任、发展前景面临多重危机和挑战。要理解和应对这些危机和挑战，需要在大学的历史中探寻未来。

大学与社会重大变革的每一次相遇，总是围绕着生存与发展、保守与革新、价值与功用生发出激烈的争论，并表达了新的信念、观念和理念，而时代精神和社会思潮则像幽灵一样附体于大学理念。正是人文主义、启蒙思想、浪漫主义、实用主义、后现代主义等划分了大学思想演进的段落。

大学已成为众多学科研究的对象，高等教育学、社会学、经济学、历史学、地理学、城市学、政策学等学科的著述汗牛充栋。在国际学术界，"批判大学研究"（Critical University Studies）已提上日程，"大学学"呼之欲出。

中国有悠久昌隆的教育传统，但大学是一种欧洲制度，今天中国大学正向世界一流迈进，我们需要更为深入地认识和理解大学，认识大学与社会的关系，理解大学的思想。因此，我们与商务印书馆策划和编译了"大学、思想与社会"译丛。

这套译丛试图突破学科界限，汇聚史学、社会学、教育学等不同学科的学者对大学、思想与社会关系的思考，从多个维度帮助我们认识大学与国家、社会的关系的演变，了解当代大学面临的挑战，思考大学未来的发展之道。译丛分为四个专题：一、大学的历史与基本理论；二、不同时期的大学、国家与社会关系的演变；三、"二战"以来的大学与社会；四、当代大学之思与大学的未来。译丛所选之书均为相关论题的经典之作，兼顾学术性、思想性与可读性，期冀对当代大学发展有所启示，也诚望学界和出版界同仁给予指导和批评。

北京大学　沈文钦

清华大学　叶赋桂

北京师范大学　王　晨

2022 年 9 月

译者序

摆在读者面前的《法国大学的长征》一书,是法国著名社会学家、法国国家科学研究中心研究主任克里斯蒂娜·穆塞林(Christine Musselin)的代表作之一。穆塞林曾任法国组织社会学研究中心主任、巴黎政治学院科研副院长、高等教育研究网络(RESUP)主席等学术要职,20世纪80年代以来,她一直从事高校治理、高等教育政策、学术职业等方面的研究,对近年来法国高等教育改革产生了较为重要的影响。

《法国大学的长征》一书是穆塞林长达十几年的研究、分析与思考的结晶。该书考察了19世纪初至20世纪末法国大学的政策与制度变迁,从组织社会学研究的视角提出了"大学构型"(configuration universitaire)这一概念,进而分析法国大学长达两个世纪的演进。该书一经出版便广受学界好评。法国教育社会学家乔治·费卢齐（Georges Felouzis）认为，《法国大学的长征》既是一部关于大学的组织社会学著作，也是一部关于政治决策与实施的社会学作品，它充分展示了如何运用组织社会学的范式与方法来研究大学政策。[1] 历史学家弗朗索瓦丝·马耶尔（Françoise Mayeur）则评价称，穆塞林基于社会学家的视角审视与分析了 1988 年之前法国大学改革的失败以及 20 世纪 80 年代末到 21 世纪初的变革，堪称法国当代大学与国家关系研究的专家。[2] 当然，也有学者认为概述还有一些不足，如作者在该研究中未能详细阐明法国大学长征的终极目标是什么以及如何实现等问题。不过，整体而言，学者们普遍认为该著作论点鲜明、论据充分、结构严谨、表述简单直接，是一本值得阅读的参考书。[3]

从熟悉程度来说，国内研究者往往对英美高等教育系统的了解更为深入；相较之下，对法国高等教育系统的关注和研究相对欠缺。法国高等教育历史悠久，在欧洲乃至全球高等教育发展历程中占据着举足轻重的地位。深入探究法国高等教育系统及其发展演变，不仅有助于拓展我国高等教育的研究视野，而且有益于丰富我国高等教育改革发展的实践思路。

---

[1] Felouzis G.（2002）, Christine Musselin, La longue marche des universités françaises [EB/OL], Sociologie du travail, 44（3）, https://doi.org/10.4000/sdt.34044.

[2] Mayeur F.（2002）, Christine Musselin, La Longue marche des universités françaises [EB/OL], Histoire de l'éducation, 93, https://doi.org/10.4000/histoire-education.324.

[3] Jallade J-P.（2001）, Christine Musselin, La longue marche des universités françaises [EB/OL], Revue française de pédagogie, 136, https://www.persee.fr/doc/rfp_0556-7807_2001_num_136_1_2837_t1_0187_0000_2.

对法国高等教育系统突出特征的理解，可以从其独一无二的"双轨制"展开。大学与大学校并存，是法国高等教育"双轨制"的一大表现。大学肩负着高等教育大众化的使命，是授予国家学位的主要机构。法国大学的绝大多数专业录取不设二次选拔机制，高中毕业生通过 Bac（Baccalauréat）考试[1]并获得相应学位后，基本可就读大学。在欧洲高等教育与研究一体化进程推动下，法国大学目前实施的是"3-5-8 学制"（即本科三年、硕士两年、博士三年），在学习实践中，学生可根据自身的具体情况在政策规定时限内灵活安排。大学校作为高等教育另一个重要的轨道，担负着法国政治、经济、军事等领域培养精英人才的重要使命。最早一批的大学校，例如路桥学院、巴黎高师、巴黎综合理工学院等，至今仍享誉世界。这些机构规模较小，课程高度专业化，人才培养高度职业化，设立了严格的招生选拔机制。部分大学校不直接招收高中毕业生，而是面向大学校预备班学生或已有两至三年的大学教育经历的学生。该类大学校一般学制为三年，顺利毕业的学生可同时获得该学校文凭和国家硕士学位。还有部分大学校面向高中毕业生，设立二次选拔考试，学制为五年，授予毕业生该校文凭和国家硕士学位。大学校毕业生的就业情况非常好，在公共与私营领域都拥有广泛、有力的校友资源网。大学校文凭的社会认可度远高于国家学位，也因此造成了一个"法式例外"：大学校毕业的、拥有硕士学位的工程师就业机会

---

[1] 具体信息参见：卞翠，《"双一流"背景下高校招考制度改革——来自法国一流高校的启示》，《全球教育展望》，2018，47（04）：74-82。

与薪资待遇要高于大学毕业的博士。高校研究组织与国家科研机构并存，是法国高等教育"双轨制"的又一表现。在很长一段历史时期内，法国大学以教学为主要任务，科学研究的制度化是20世纪后半叶才逐渐形成的。20世纪80年代后，随着大学与政府签署的研究工作合同、机构发展合同的制度化，大学内部研究团队的规模逐步扩大，对研究工作的投入度以及研究质量均得以提升。法国国家科学研究中心（CNRS）、法国国家卫生与医学研究所（INSERM）、法国国家数字科学与技术研究所（INRIA）、法国国家农业研究所（INRA）等法国最重要的科研机构是设立在大学之外的。20世纪60年代以后，这些拥有雄厚科研实力的机构和大学内部研究团队的科研合作逐步展开，随着混合研究团队设立、国家—国家科研机构—大学三方合同实施，这些机构也逐步介入博士生培养。

  法国高等教育系统的另一个突出特征，是鲜明的国家性和统一性。其一，体现在国家学位的垄断性以及学位课程设置与审核认证的国家标准上。除了现存的几所天主教大学，法国大学基本都是公立大学，由教育部独立或与大学所隶属的行业部委共同监管。大学虽有设立学校学位的权力，但鉴于学位的认可度有限，绝大多数学生还是会选择国家学位课程。拥有国家学位授予权的大学每五年要接受一次由高等教育与研究高等评估署（HCERES）组织的审核、认证与评估。其二，体现在法国大学教师的身份、职业晋升与薪酬待遇等方面。法国大学教师拥有国家公务员身份，学术职业发展由国家大学委员会（CNU）统一管理。该委员会下设不同学科委员会，管理相应学科教师的高校教师资格认证、职业晋升等事宜。

译者序

在《法国大学的长征》一书中，穆塞林用"长征"一词来描述与总结法国大学在近两百年间从消失、重生到崛起的经历，从以学院、学科为主体到大学成为一个具有法人资格、自主权的整体组织，这一过程所呈现出的主要利益相关方的相互依赖与相互制约、事件发生的连续性以及断裂性变革的可能性等阐释了长征的历时性和过程的艰难程度，这一过程有时甚至是迂回的。在该著作的结尾，我们看到了法国大学长征取得了阶段性的胜利，终于拥有了自主性、开展集体行动以及进行集体决策的能动性。进入 21 世纪，在高等教育国际化、欧洲高等教育与科研一体化等外部驱动力的作用下，法国大学迎来了新的挑战。

《法国大学的长征》一书是 PUF 出版的一部著作，该书于 2001 年首次出版，2004 年 Routledge 出版英译本，2022 年由巴黎政治学院出版社再次发行。本译作基于 2022 年版本翻译而成。作为译者，本人在学习、翻译的过程中，常有如履薄冰之感。其一，因"熟悉"而紧张。一方面，《法国大学的长征》这本书是本人在法国攻读博士学位期间的重要参考书之一，可以说是"引路者"，但当时只从中选取了与博士论文相关的信息，而未能细读。另一方面，法国高等教育研究一直以来是本人的主要研究领域，穆塞林教授作为该领域的重要学者，她的名字也多次出现在本人的文章之中。其二，因"不熟"而胆怯。这本著作既涵盖历时性叙事，又渗透社会学的分析理论；既涉及国家政策的制定与实施，又呈现大学内部、外部利益攸关方的博弈。这就需要译者从宏观—中观—微观三个层次去了解法国大学在不同时代背景、不同权力更迭与博弈中是如何走出来的，这是很大的挑战。其三，因"重要"而彷徨。如何把握好译文的"信达雅"？在何种程度上可以将表述本土化？这些问题是翻译过程中一直困扰我的重要问题。相较于英文译著，国内目前已有的法文译著相对而言数量较少，而且关注法国高等教育的更是稀少。作为一名高校教师、研究人员，本人在此前的学习和研读过程中深深体会到了这本著作对于相关研究的重要价值，也希望该书能惠及对法国高等教育感兴趣的学者们。

《法国大学的长征》是本人在学术生涯中完成的第一本译著。它的"问世"离不开很多师友的帮助。在这里，我要感谢商务印书馆的王振峰老师，感谢她细致、专业的校对与指导；感谢北京大学教育学院的沈文钦老师给我这个机会参与这套丛书的翻译，以及一直以来给予我的帮助；感谢华东师范大学国家教育宏观政策研究院卢威老师对译稿提出的意见与建议；感谢为这本译著的出版而付出努力的所有老师和朋友们；最后要感谢我的爱人和家人给予的支持，希望在法国教育研究这条路上我可以走得更远。

卞翠
2023 年 9 月 6 日

目 录

引言 *1*

第一部分　学院共和国

第一章　从帝国大学到学院共和国 *13*
　　第一节　帝国大学：大学的消失与大学行会的制度化 *15*
　　第二节　19世纪末的改革：一个错失的机会 *22*

第二章　学院共和国 *37*
　　第一节　职业管理与学院结构 *38*
　　第二节　学院主导型管理的制度化 *41*
　　第三节　院长：大学的核心人物 *45*

第三章　学科监督下的大学 *49*
　　第一节　《富尔法》：实用主义而非理想主义的大学设计 *52*

第二节　一个缓慢的组织学习过程………56

第三节　全系统的惰性………65

第二部分　大学的时代

第四章　集中化、统一性、平等主义模式的不稳定………85

第一节　统一性与平等主义：两个合法原则………86

第二节　日益异质化的大学………92

第三节　日益多元的大众化大学的矛盾………99

第五章　教育部重新承认大学…………109

第一节　1988年的合同政策与过往经历………112

第二节　合同：一个政策上可行的选择而非有效的解决方案………118

第三节　教育部内部的权力关系与意义………126

第四节 1991年后：教育部内部监管重新达到平衡并与"教义"的传播和推广相结合 139

第六章 大学的出现 149
 第一节 大学承担起自我管理的工作 151
 第二节 强化大学治理能力 157
 第三节 从大学的理念到大学的出现 168

第三部分 从一个大学构型到另一个

第七章 从大学到大学构型 177
 第一节 学界、大学与国家模式 177
 第二节 大学构型 190

第八章 大学构型与变化 199
 第一节 为何构型是稳定的？ 200
 第二节 重新解读观念对变革的影响 206

结论 *211*
致谢 *227*

学术名词对照表 *231*
参考文献 *235*

引 言

虽然法国的行政、经济、政治与技术精英主要由大学校（grande écoles）培养，但大学却是法国高等教育的主要组成部分。1998—1999 年，在 1,748,300 名高中毕业生中有 1,429,750 名进入大学接受教育，约占总人数的 82%。1996—1997 年，68,000 名教师[1]（含大学技术学院教师、国立高等工程学院教师，但不含大学教师培训学院）和 55,179 名非教学人员[2]在法国大学工作。1999 年，法国政府为这两类人员提供的工资和社会保障费用[3]（属于普通文职人员

---

[1] 信息来自评估与展望局（DEP）发布的第 98.33 号信息备忘录。
[2] 统计数字来自法国教育部网站，细分如下：30,180 名工程师、技术和行政人员，3,482 名图书馆和博物馆工作人员，242 名大学一般行政和会计人员，21,275 名行政、技术和后勤服务人员。
[3] 统计数字来自 1998 年 12 月 30 日颁布的第 98-1282 号法令，发布于 12 月 31 日的《官方公报》上。

支出范畴）达 29,369,115,435 法郎，国家为大学的运营预算支出达 7,274,887,077 法郎[1]。

然而，人们经常说，法国没有大学——例如，克里斯托夫·夏尔（Christophe Charle）就曾提出"不可能的法国大学"（Charle, 1994）。同样地，这也是法国区别于其他工业化国家的特色之一，也是众所周知的法国"大学危机"反复出现的原因之一，媒体经常强调和谴责这一点。

声称一个有近 150 万学生接受大学教育的国家"没有大学"似乎有点自相矛盾，但当我们回忆起在 19 世纪和 20 世纪的大部分时间里法国大学教育是在学院中发展起来的，这似乎就不那么奇怪了。这些以单学科为主的学院，除非同属同一学科家族，否则彼此之间没有任何关系。长期以来，四大传统学院——文学、科学、法律和医学，尽管设立在同一个城镇，却并未聚集在一起形成一所大学。它们之间没有形成一个代表集体的、具体的、行政的、科学的和规范性的实体，让学者和学生对其产生一种归属感和忠诚度。每个院系都像是一座孤岛，同属同一学科是它们之间凝聚力的来源。

地方层级的院系分化并没有因学者共同体的存在而在更高层次上得到补偿，这些共同体成员本应拥有共同的价值观并因相同的科学观而联合在一起，拥护相同的大学概念与理念，然而，事实上，国家层面的学科分化与地方层级的院系分化同样剧烈。它以学者行会的形式呈现，以主要学科序列形成垂直结构，每个学科都有自己

---

[1] 数字为"业务补贴"支出类别，不包括"设备和服务运营"（47,600,000 法郎）或"杂项支出"（51,674,511 法郎）。

的职业管理模式，并受巴黎教授们的集中控制。

1968年的《富尔法》（loi Faure）旨在通过废除院系、倡导发展具有强化职责和权力的多学科机构来结束大学教育中院系的主导组织，让法国大学得以重生。然而，法律本身不足以带来这些变化。埃拉尔·弗里德贝格（Erhard Friedberg）和我在20世纪80年代开展的研究表明，法国大学的不一致性、不存在性仍然是其主要特征。因此，我们为当时出版的研究著作取名《寻找大学》，这也明确暗示了这一点（Friedberg et Musselin，1989）。

然而，现在情况发生了变化，法国大学的重生不再是不可能的了。

在几乎没有媒体关注的情况下，在几乎没有人意识到的情况下，法国大学悄无声息地发生了深刻的转变。它们的自治能力得到了提高，在法国高等教育体系中的地位也得以加强。同时，负责监管大学的教育部和大学行会之间的联合管理关系也被削弱了。这样一来，大学重新成为法国大学教育中的重要角色。这些转变的过程始于1968年颁布的《导向法》（又称《富尔法》），然而这一法律直到1988年才开始真正付诸实施。当时的教育部逐渐改变了以往的管理模式，从关注学科（即以前的院系）转变为关注大学（即单个的组织机构）。这一变化反过来撼动并重新定义了法国整个大学系统，影响了教育部与大学、大学自身以及大学教职人员的职业管理方式。

这一肯定的判断并非源自个人的感觉或从个人经验中得出的教训，相反，它是建立在对法国大学长约十五年的实证研究和分析之上的。这涵盖了对法、德不同大学的运作模式的比较研究，对法、德教育部作为监管者的干预模式、两国的学术就业市场，以及我在80年代中期开展的研究和最近指导的研究的系统比较[1]。这一论断是建立在我和我的同事对一些大学学者、大学的行政人员、大学内部选举的负责人以及决策机构的成员、教育部的一些专家、教育部负责高等教育的核心机构的管理人员、教育部内阁成员等所开展的访谈以及对大量文件的分析之上的，这些让我肯定了法国大学的"存在"。基于这些经验材料，我将表明，法国大学今天已成为被教育部承认的重要的合作伙伴，参与制定自己的政策，而且完全有能力做决策，同时，相较于过去，这些决策更多地是在大学校长团队的指导下做出的。

为了理解大学目前的活力，尤其是为了理解为何这种活力只有在过去的十几年间才成为可能，须采用一种纵向的研究方法来解释这一切源自何处以及以前的运作方式是如何持续的。我们必须回到过去，将这些变化置于一个更长远的视角下，重新构建19世纪以来法国大学系统发展的主要阶段，也就是从法国大革命期间废除旧制度下的大学、拿破仑建立帝国大学开始。回溯法国大学历史的

---

[1] 我坚持这一点是因为法国大学很少成为研究对象，而是更多地出现在一些小文章、公开信和批评性诊断中，所有这些都是基于个人经验而不是研究。研究人员有时似乎对自己用"科学仪器"来检查大学感到不自在。每个人都会记得皮埃尔·布尔迪厄（Pierre Bourdieu）在《学术人》（*L'homo academicus*，1984）中的长篇大论，他在其中具体说明了所遵循的方法论，以便论证他可以对学术界开展有效的研究并进行发表（完成调查后近二十年才公布结果）。是否真的有理由相信，对于研究同事的学者而言，与研究中产阶级（她或他同样属于中产阶级）或研究职业妇女状况的女性社会学家相比，过于接近自己的研究对象面临的风险会更大？

引言

研究[1]在一定程度上是有用的，但这本身并不能让我们理解为何大学展现出的活力不可能发生在20世纪最后的二十五年之前。

这种长期的研究方法是以"路径依赖"（Collier et Collier, 1991；Pierson, 1996, 1997）理论为依据的。我揭示了既有安排的分量，或者说揭示了历史是如何减缓或限制了法国大学教育尝试深刻变革，以及为什么某些结构性特征在一百六十多年中仍然有效。此外，大学近期的发展要求我们不仅要确定和解释某种法国"模式"长期存在或稳定的原因，还必须探究是什么让我们有可能在过去十几年中撼动这一系统并带来深刻的变化。为此，必须运用其他方法，因为"路径依赖"不能有效地说明重新定义路径的可能性。变革和稳定都是本书的核心，因此，我们必须尝试理解和解释近期是什么促使大学有可能离开既定的道路而走上另外一条道路，这条路虽然与之前的一条并不垂直，但代表了方向上的重大改变。

为了更好地回答这些问题，本研究分为三部分。

第一部分以"学院共和国"为题，这部分主要描述了20世纪80年代末之前法国大学教育的特点。首先，需要重新研究法国大学

---

[1] 从对已有历史学家研究的二次分析入手。虽然历史研究很多、细节很丰富，但呈现出两方面的不足：一方面，它们经常只关注某些时期（例如第三共和国），而对其他时期的研究则根本没有；另一方面，关于大学机构历史的研究极少（索邦大学除外，但这些研究大多涉及中世纪时期，参见 Guénée, 1978）。事实上，法国的历史研究倾向于反映法国大学教育的"院系"倾向；也就是说，其结构是围绕着学科而不是多学科的大学。希望大学历史能够成为研究的对象，就像商业公司的历史一样（Chandler, 1962；Fridenson, 1972）。

的历史，因为法国大学系统的特点是拿破仑改革制度化的产物（第一章）。拿破仑的改革不仅强化了旧制度下由行政中心（教育部）管理的标准化、全国性的大学系统，而且创造了一个以行会主义为中心、拥有垂直结构的全新的法国大学行会。然后，我的分析将表明，19世纪末的共和主义改革者最终（不由自主地）帮助巩固了这些特征，建立了"学院共和国"，尽管他们的意图是通过1896年颁布的法律实现法国大学的复兴。

在追溯了学院共和国的基础之后，我将描述它的一些构成特征以及它们如何记录了20世纪60年代中期之前法国大学教育的发展（第二章）。

接下来的章节（第三章）揭示了《富尔法》的悖论，阐释了为何这部废除了院系的法律似乎赋予"新"大学一种可能性，使它们能够在法国的高等教育体系中保持自己的地位，并成为更强大、更自主的机构；也阐释了为何这部实际上影响力有限的法律最终催生了原子式的大学运作机制，这也是我在20世纪80年代的研究中所关注的。

本书的第一部分呈现了法国大学教育的显著稳定性与非凡的弹性，这些特点都是在帝国大学时期形成的。第二部分（第四章、第五章、第六章）将介绍和分析过去十年的深刻变革。

首先，第四章描述了这些变化发生的背景。重要的是要理解如下事实，尽管法国大学教育的特点没有被《富尔法》所改变，但新的大学还是经历（或遭受）了两个重大转变。我们对第一个因素很熟悉，就是众所周知的学生人数的增加，而对第二个因素，也就是大学明显的内部分化却较少关注。大学内部的分化，一方面源自大学教育的大众化，另一方面则是学习课程的多样化，是引入了非传统性教育课程（短期和/或专业学位课程）的结果。因此，法国大学变得更加异质化和多样化了，但仍保持了集中化和标准化的国家框架。

正是在这种情况下，法国大学系统的特点被重新定义了。这种重新定义是由教育部的新合同政策带来的，该政策于1988年首次实施，要求每所大学须与中央行政部门签订为期四年的合同（第五章）。这一政策影响了教育部对大学的指导模式，这一点在这部分得以阐述，同时还将呈现这些模式转型的原因和方式，以及这一政策如何催生了对法国大学及其与作为监管者的教育部的关系的新表述。

第六章则展示了教育部对大学干预模式的转变是如何与法国大学的治理能力的加强同步进行的，呈现了这一运作方式与20世纪80年代中期有何不同。

在对过去十年所发生的变化进行事实重建后，我将在第三部分，也就是本书的最后一部分，提出一个用于分析大学系统及其发展的概念框架。对法国大学及其"晚"出现的研究表明，如果不了解中央行政部门、大学职业内部是如何变化的，就无法理解大学的发展。把学术界、大学和国家制度视为三个独立的世界是大多数大学教育研究的基本假设，但我没有如此做，而是坚持认为这些不同层次之间存在着联系，这些联系形成了我所定义的"大学构型"（第七章）。随后，我展示了这个概念的理论、实践用途，以及对变革研究的影响（第八章）。

我认为，这种将大学治理、作为监管者的教育部的指导模式以及大学行会联系在一起的包罗万象的方法，对于发现和理解法国大学系统的特点是必不可少的。而且，它为我在这里没有直接关注的问题提供了补充性的新见解，例如学生、学习课程内容、学术职业、科研工作、各专业提供的学习课程与劳动力市场需求之间的契合度、大学在法国高等教育中的地位、学术界和私营部门之间的关系、大学与研究机构之间的联系等问题。最后，我认为它提供了一种最有力的方法来理解这项被认为比赫拉克勒斯的十二项功绩更为艰巨的任务：如何实现法国大学的变革。

第一部分

学院共和国

学院共和国直到19世纪末才形成，其间经历了一系列始于第三共和国时期的改革，而1896年所颁布的法律为这些改革画上了句号。在此之后，直到1968年，法国大学几乎没有什么变化。尽管这一制度在20世纪之交才开始全面运作，但其主要特点形成的源头要往前追溯一百年。事实上，这些特点早在第三共和国改革之前就已被植入，在拿破仑1808年创建帝国大学时就已开始。

拿破仑遗产所带来的影响与第二共和国时期由路易·利亚尔（Louis Liard）将这份遗产合法化并进一步强化的改革举措都同样值得被呈现。这些改革是为了反对拿破仑式的理想，因此常常被认为是废除帝国大学的行为。为了说明这些第三共和国时期充满共和精神的改革者是如何以及为何在试图颠覆拿破仑模式的过程中失败的，我们有必要回溯到学院共和国的开端以及其出现的条件。

在这一部分，我将阐释"学院共和国"一词的全部含义，重点关注法国大学的无能是如何一直持续到20世纪60年代中期的。1968年，在《富尔法》简单干脆地废除了学院共和国后，法国大学最终获得了重生。然而，事与愿违，该法律本身并不足以使它所创建的新大学成为自我管理的自主机构。我们需要理解颁布《富尔法》的原因，以及该法律对法国大学治理的影响，因此，第一部分分析的重点是学院共和国的稳定性，第二部分关注的是法国大学的变革和机构复兴。

第一章
从帝国大学到学院共和国

最早创建于中世纪的法国大学一直以来都吸引着国家当局的兴趣和关注，即使在它们本身并不寻求国家保护[1]或财政支持以确保其发展的时候也是如此。雅克·韦尔热（Jacques Verger）认为，第一次将大学"市政化"的尝试发生在15世纪[2]（1986），当时法

---

[1] 例如，在中世纪末期，法国大学转向公共当局寻求保护，以对抗罗马天主教会。哲学家阿兰·勒诺（Alain Renaut）（1995年）认为，这一时刻是法国大学历史上最早的"革命"之一。他对雅克·米诺（Jacques Minot）的结论（1991年）以及乔治·古斯多夫（Georges Gusdorf）（1964年）和最近的克洛德·阿莱格尔（Claude Allègre）（1993年）的分析提出了异议，他认为，法国的大学机构并不是13世纪初诞生于巴黎的模式在几个世纪里发展起来的，它的历史不是一个持久的、连续的模式，而是一系列的"革命"，现代法国大学显然不能再与它的中世纪祖先相比了。

[2] 另见 Filâtre, 1993。

国大学已从教会管辖中独立出来，但很快又被皇家干预所终结。与其他公共部门不同的是（de Swann，1995），在索邦大学成立不到两个世纪后，随着法国现代国家的建立，大学教育成为政府行动的合法领域。在不同的君主统治下，直到法国大革命前，人们采取了大量措施来协调大学机构的地位和认证模式。查理七世[1]在中世纪末对大学进行的总体改革、路易十一[2]的干预、路易十四对法律学习的改革等，这些只是其中的几个例子。所有这些措施都致力于建立一套规则，以统一大学学术人员的执业标准，规定课程和考试内容及组织，界定专业地位等。

旧制度政权的标准化主旨在早期就赋予了法国大学教育以国家性质，并帮助构建了一个可以在全国范围内适用的制度框架。以 1762 年对耶稣会士的驱逐为例，公共当局"可以自由地进行干预，使教师队伍世俗化的分布合理化并通过在巴黎艺术学院设立（1766 年）'高级教师'资格（agrégation）的竞争性考试来规范教授的聘用标准"。维克托·考拉迪（Victor Karady）写道："不仅控制高等教育的计划很古老，而且教育系统标准化的技术（……）在旧制度时期就已被开发与测试了"（Karady，1986a：261—262）。

---

[1] 正如雅克·韦尔热和夏尔·瓦利兹（Charles Vulliez）所指出的，查理七世试图将大学的特权限制在"真正的学生"身上，却又将学生排除在决策机构之外，强化了等级结构（Verger et Vulliez，1986：124）。
[2] 路易十一直接干预了课程内容的问题，即禁止唯名论的教义（Verger et Vulliez，1986）。

第一节　帝国大学：大学的消失与大学行会的制度化

在法国大革命期间，尽管对高等教育的概念进行了激烈的辩论（Liard，1888；Chevallier et al.，1968），但教育系统的国家性质并未受到质疑。然而，学院和大学行会被废除了，取而代之的是专门性的、更具有职业导向的学校。

一、高等教育的贫瘠和中央集权体系的建立

当拿破仑·波拿巴上台后，他发现教育几乎是一块处女地。于是，在 1806—1808 年，他设计了一个新的教育系统，即帝国大学[1]，确立了一个最低限度的、严格的、功利主义的高等教育理念。正是在这一历史时期，威廉·冯·洪堡（Wilhem von Humboldt）在德国推行了大学改革。洪堡的改革为以教学和研究自由为特征的大学组织机构打下了基础，赋予了大学传播和生产知识的使命。帝国大学将学院限制在两个狭窄的角色上：法学院和医学院将为从事这些职业的学生提供培训，而文学院和理学院将以授予"学位"为使命。正如安托万·普罗斯特（Antoine Prost）所强调的那样，对于文学院与理学院而言，"这不是一个创建专门学校的问题，而是为

---

[1] 帝国大学实际上是一个中等和高等教育机构的集合体，无论从其组成上还是从其精神来看，都与我们今天所说的大学不相符。

了组建一个高中毕业学位（简称 Bac）评审委员会。这意味着文学院和理学院的教学人员的数量是由组成该委员会所需的教授人数来决定的，因为每个学区主要城镇的高中文学教师都是文学院的成员，而该高中的超常数学（mathématiques transcendantes）教师则是理学院的成员"（Prost，1968：227）。

尽管拿破仑的改革确实带来了一些变化，但它也完美延续了旧制度下的高等教育体系，强化了从中等教育到高等教育系统的国家维度。实际上，帝国大学所基于的理念是国家对教学的垄断，其原则和规则适用于整个国家。规则的全面协调化为所有领域建立了一个全国性的组织和管理框架。

在教学方面，帝国大学控制学习课程的内容，规定如何测试学生所掌握的知识，在执政府[1]时期建立的授予国家学位的做法得到进一步发展，明确了这些学位与进入某些职业之间的对应关系等。1807 年，高中毕业学位被宣布为大学的第一级学位，19 世纪的大学学术人员[2]被安排专门负责高中毕业考试，这一决定对他们的教

---

1 正如尤尔根·施里韦尔（Jürgen Schriewer，1972：42-43）所指出的，执政府"煞费苦心"地确定了"考试规则和考试方式，甚至是最小的细节"，并参与了"国家对全国教育的集中管理和标准化，因为以平等的名义，所以各地的考试都必须具有同等难度"。（作者译）

2 主要是因为授予学位对各院系来说是一项极其繁重的任务，而大学的学术人员肩负该项考试的全部责任。据克里斯托夫·夏尔说，参加 Bac 考试评委会占用了所有教授的时间。他引用了巴黎文学院院长布鲁诺（Brunot）的声明，内容如下："从6 月起，仅 Bac 考试一项就占用了所有课室和教师的时间，从 4 月起就占用了全部行政人员的时间。"（Charle，1994：403）

学工作产生了重大影响。这种影响今天仍然存在[1]，因为在20世纪初，高中毕业学位已成为进入大学的必要条件，之后进而成为入学的充分条件，且高中毕业学位获得者人数的增加直接影响到高等教育的注册人数[2]。

新大学的结构也同样是标准化的：法国被划分为不同的学区，每个学区都设有代表五个学科等级的院系（神学、医学、法律、理学和文学）。从理论上讲[3]，所有的学院都是相同的，每个学科都有相同的模式。学院之间也是相互独立的：许多作者经常指出，中学与文理学院之间的联系比这些学院与医学院、法学院之间的联系

---

1 因为Bac毕业证书是第一个大学学位，每个学位证书持有者都可以接受大学教育。马克·布朗日（Marc Blangy，1994）展示了Bac学位是如何从一个其价值"对社会来说大约相当于黄金对货币市场的价值：一个没有争议的标准，其力量和合法性源于其稀缺性"而变为"一块似乎正在失去其'内在'价值和合法性的羊皮纸"。（Blangy，1994：2-3）
2 根据让-克洛德·艾歇尔（Jean-Claude Eicher）（1997：192）的说法，在1970年以前，拥有普通类Bac学位的学生进入高等教育的比例长期以来一直保持在80%。根据国家教育部评估与展望局（DEP）的数据，这一比例从1970年开始上升，在1985—1986年达到96.8%，2001年接近100%。对于技术类Bac学位持有者来说，1980年之前的比例低于60%，1985年为76%，1994年为83%。只有10%的职业类Bac学位证书持有者继续接受高等教育。
3 理论上，虽然学生的国家考试成绩在全国范围内都是有效的，但教学和认证的供应并不是公平分配的。正如维克托·考拉迪（1985：31）所指出的，"几乎所有大学的基础学习课程实际上都是在中学里教授的……其余的头衔则由高等师范学校授予。这意味着位于乌尔姆街的学校（高等师范学校）拥有不成比例的功能权重……它不仅是（除大学校外）教授最高水平的大学课程的唯一场所，而且还直接为学生考取高级教师资格做准备……那么，在19世纪的大部分时间里，大学精英不仅是在大学院系之外接受培训，而且还获得了认证"。

第一章 从帝国大学到学院共和国

要密切得多,医学院和法学院是按照专业学校的模式组织的。[1]

最后,教师的管理实现了统一化,在薪酬、地位[2]和进入学术机构的条件方面出台了管理学术人员的国家法规。

所有这些措施都是为了推动在旧制度时期开始的全国性大学教育的建设。考拉迪总结道:"与其说是创建了一种新的机构,不如说是将教育单位整合到一个集中的国家行政结构中。"(1986a:262)

二、从大学行会到中央集权行会

拿破仑改革的集权化、标准化、国家主义的特点已经在其他地方得到了充分证明,不局限于高等教育。然而,人们常常忘记,拿破仑的雅各宾主义不仅体现在由国家控制的思想,而且还以行会主义为特征,这导致了学术职业管理中中央机构的创建。虽经历了无数次的改革,这个中央职业管理机构一直保留到现在,目前是以国家大学委员会(CNU)[3]的形式存在。这无疑是第一帝国改革的主要创新,是与旧

---

[1] 这种情况一直持续到1836年,该年8月9日的法令澄清了法律层面中等教育和高等教育之间地位的混淆(Karady,1986a:272)。

[2] 教师本身应该获得与其职务相应的学位,但由于这一职业在整个社会中声誉不佳,而且从业人员的生活条件艰苦(教师队伍的成员被建议保持未婚,过集体生活),因此这一规定经常被忽视。(Gerbod,1965)

[3] 将拿破仑的公民教学委员会与今天的国家大学委员会(CNU)进行比较似乎并不恰当。CNU 三分之二的成员由其学术界的同事选举产生(另外三分之一由国家任命);成员的特权相对较少,与中央权力的关系更为松散;他们没有等级职能等。然而,今天的 CNU,作为管理教师的核心机构,在性质上显然是一个行会主义中心。

制度的第一个重大分裂，也是当代法国大学的创始特征之一。

奇怪的是，人们很少关注拿破仑改革遗产的这一方面。帝国大学拥有独特的学术团体地位，这一事实总是被认为是国家特权加强的表现，因为该团体被置于帝国大学大校长（Grand Maître de l'Université）[1]的控制之下，拥有广泛的官方权力。这个职位的继任者被要求"向议院、公众舆论和人事部门汇报大学政策；（管理）国家公务员的晋升；（施加）谴责、训斥、调职和暂时停职的判决，且不得上诉；并扩大其监督范围，包括大学的财务和会计管理"。（Gerbod，1965：39）

事实是，这项措施从根本上改变了大学"职业"的组织[2]。在大革命之前，学术职业的组织与大学一样多，都以行会形式出现。在18世纪末，这些行会被证明无法规范成员的行为。路易·利亚尔[3]的描述（1888年）表明，他们无法让成员遵守行为准则或打击腐败、权力滥用等。这些失败以及其他因素在国民公会（la Convention）期间被引用来作为废除它们的理由。与学院不同，拿破仑的改革并没有恢复行会，而是在遵循建立一个全国性的中央

---

1 这个头衔很快被改为公共教学部长。
2 皮埃尔·舍瓦利耶（Pierre Chevallier）、贝尔纳·格罗佩兰（Bernard Grosperrin）和让·马耶（Jean Maillet）（1968）解释了新的行会与法国大革命前的大学行会间的不同。旧制度时期的行会是基层自发形成的，是社会需要的结果，而不是由权力当局制定的法规的结果。相反，伴随着拿破仑制定的法律条文，行会在全国范围内通过最高层的一项决定而成立。（1968：46-47）
3 关于法律，路易·利亚尔写道，例如，"从17世纪中叶开始，就出现了令人难以置信的丑闻。巴黎的教会法学院只有一位教授：为了保住自己的全部收入，他顽固地拒绝任命同事"。（Liard，1888：70-71）

教育系统的逻辑下，创建了一个全国性的、集权的中央行会。这一举措的后果是将两种做法制度化了，而这两种做法也成为法国制度的深刻特征。一方面，这标志着国家和行会共同管理大学教育的开始：在帝国大学大校长旁边设立了公共教学委员会[1]，其成员由政治当局和所有代表不同学科的大学教授一起任命。另一方面，引入一种由国家控制并按学科领域划分的集中性的学术职业管理形式。正如保罗·热尔博（Paul Gerbod）(1965)在对19世纪教师的研究中明确指出的那样，直到七月君主制时期，帝国大学大校长并不像他的职能所显示的那样具有影响力。他很快就把管理教师的特权交给了公共教学委员会，而后者成为行会管理的核心执行者。公共教学委员会的每个成员都管理着他所代表的学科教育系统，包括学术职业管理、高级教师资格与课程项目评审、财务管理、设立教席等。

于是，帝国大学取代了旧的大学行会，产生了一个等级森严的中央结构，逐个学科地管理整个教育系统，这种结构标志着大学的"死亡"。首先，它没有提供协调同一学区不同学院的制度，将高等教育的使命限制在授予学位以及培训法律和医学专业人员上。其次，通过建立等级森严的、集权式学术机构来管理"它们的"教师，加强了学科的制度化分隔：每个学科家族都可以自由发展内部的管理模式，制定自己的游戏规则。因此，这些学科先后剥夺了学院以及重组后的大学对其学术人员的自由管理的权力。改革导

---

[1] 这个委员会的名称在19世纪被多次修改，其组成也是如此。为了清楚起见，我们选择将这个机构的所有版本称为"公共教学委员会"。

致的双重"死亡"否定了大学成为不同类型的知识汇聚之地的想法，这也是法国大学几乎不可能出现的主要原因之一。不同学科的利益和逻辑被允许在一个组织和职业完全吻合的框架内发展；在这个框架内，完全没有自主权的大学组织只是其职业的忠实反映（Musselin，1998）。

以学科为基础的结构的影响是如此强烈，以至于拿破仑的大学标准化改革动力从未渗透到学术职业管理模式中去。每个学科等级都制定了自己的规则，并抵制了将跨学科获得全职教授资格条件标准化的尝试。从19世纪至今，这种情况一直存在，从维克托·库赞（Victor Cousin）在1840年试图使文理科的高级教师资格等同于法律和医学的高级资格（agrégation du supérieur）（Mayeur，1985）到用新的研究指导资格（habilitation à diriger des recherches）[1]取代高级资格的尝试都没有成功。

自帝国大学时代起，法国的大学体系就变得双重集中化了，国家中心与行会中心相互补充。虽然两者所拥有的官方权力不同，其中前者负责资金的分配与监管，后者通过国家机构管理学术职业，但正如我们将看到的，这两个中心很快就紧密地交织在一起了。

---

[1] 在法律、经济学、管理学和政治学中，进入教授队伍的主要（最有声望的）方式是通过竞争性很强的高级资格考试。然而，在文学和科学领域，这种考试在高等教育阶段并不存在。在这些学科中，教授头衔的候选人首先要获得研究指导资格认证，然后由国家大学委员会（CNU）的相关部门授予资格，只有这样他们才能申请到一个空缺的教授职位。研究指导资格的候选人要就其研究写出详尽的总结，解释他/她的研究是如何与该领域相结合的，然后在教授或研究主任组成的评审委员会面前进行答辩。

第一章 从帝国大学到学院共和国

第二节 19世纪末的改革：一个错失的机会[1]

拿破仑下台后教育制度被多次修改，但直到19世纪的最后二十五年，才对大学的模式进行了辩论和反思。一般认为，19世纪末的改革，特别是1896年颁布的法律，重新赋予了大学生存权，敲响了帝国大学的丧钟。我将试图证明真实情况并非如此，相反，这些改革重新定义并巩固了拿破仑改革的几个方面。正如乔治·古斯多夫所写的那样，"由于某种命运，反对拿破仑制度的斗争总是发生在拿破仑的安排中"（Gusdorf，1964：146），尽管命运不是唯一的原因。

一、第三共和国的雄心勃勃的改革

自19世纪70年代，在拿破仑三世统治时期维克托·迪吕伊（Victor Duruy）开展初步改革之后，一些具有崇高社会声誉的知识分子与研究人员[2]提出对学术界进行改革的倡议。改革的想法首先在高等教育协会（Société de l'Enseignement Supérieur）内部及

---

1 这是按照弗朗索瓦-格扎维埃·梅里安（François-Xavier Merrien）的说法（1994）。
2 魏斯（Weisz，1977）指出，在1878年成立的高等教育协会的24名创始成员中，有17人是法兰西学院成员。路易·利亚尔是1896年改革的理论家和实施者，正如勒诺所提及的，1884—1902年，利亚尔曾任高等教育局主任，也是"他那一代人中最有前途的法国哲学家之一"。（1995：159）

其出版物《国际教育杂志》(*Revue Internationale de l'Ensei-gnement*)[1]上得以表达。大学学者、政治家和公共教学部（由路易·利亚尔负责高等教育）等都持有相同的观点，并合力推进了一些改革。改革的呼声与实践在1896年7月10日颁布的法律中达到了顶峰，而该法的实施标志着大学的重生。它使大学成为一个由五个院系的代表组成的决策机构，并由其所在学区的区长负责管理。大学机构再一次在法国高等教育中占有一席之地，该法也标志着"自大革命以来，'大学'一词首次出现在法国行政语言中"（Renaut, 1995:155）。

在很大程度上，1896年的改革受到了威廉·冯·洪堡19世纪初在普鲁士建立的德国大学模式的启发。德国的解决方案被引入法国，部分原因在于德国在经济、文化和军事方面的优势，法国在1870年的战败已经残酷地揭示了这一点。法国希望通过学习，能在这些领域与德国展开竞争。另外，许多法国学者曾在德国待过，他们受到洪堡大学系统的强烈吸引[2]。这种吸引力在《国际教育杂志》上发表的许多文章中都有表述。正如克里斯托夫·夏尔在1994年基于同时代的法国学者的文章所做的仔细研究所呈现的[3]，

---

[1] 魏斯（1983:55）还指出，1860年后，《双世报》（*Revue des Deux Mondes*）、《蓝色报》（*Revue Bleue*）和《科学报》（*Revue Scientifique*）等上的知识分子评论在公众舆论中传播改革思想方面发挥了积极作用。

[2] 法国学者也很羡慕德国同行的社会地位和物质条件。

[3] 夏尔（1994）分析了夏尔·塞尼奥博斯（Charles Seignobos）、马克西姆·科利尼翁（Maxime Collignon）、加布里埃尔·塞耶斯（Gabriel Séailles）、卡米耶·朱利安（Camille Jullian）、乔治·布隆代尔（Georges Blondel）、埃米尔·涂尔干（Émile Durkheim）、阿贝尔·勒弗朗（Abel Lefranc）、莫里斯·科勒里（Maurice Caullery）、塞莱斯坦·布格莱（Célestin Bouglé）、埃马纽埃尔·德·马托纳（Emmanuel de Martonne）和让·布吕纳（Jean Brunhes）在德国大学学习期间写的文本。

第一章 从帝国大学到学院共和国

最吸引他们的是德国大学同行所享有的自主权和研究活动被给予的地位。实际上，改革者们要求高等教育减少对考试准备和学位授予的关注，而更注重知识的传播和生产。理学院和文学院不应该再是中学的附属机构，相反，它们应该接收那些能够完全投入到追求知识中去的"专业"学生。

与德国相比，法国的大学教育似乎是狭隘的、受束缚的，甚至是不发达的：法国学生不多，而且他们有放荡不羁的名声；法国的学院很差，法国学者的"科学"活动在数量上和质量上都很差等。乔治·魏斯（George Weisz, 1977: 211）写道："最常见的抱怨可能是高等教育过于集中化，行政法规扼杀了教授们的所有主动性，僵化的等级结构产生了智力惰性。"为了改善现状，人们似乎一致支持一种解决方案，即"明智的监管、严肃的自治"（Weisz, 1977: 212）。因此，围绕着大学重建的想法出现了某种共识，要让学术界的自主权得以体现。洪堡的思想对19世纪末的法国改革项目的影响，可以从要求在"新"法国大学中给予知识（以及研究）更高的地位，以及反复出现的"追求知识的统一性"的主题中看出来，这将有助于把所有等级的学院集中在一个机构。然而，应该指出的是，对于洪堡和19世纪初的普鲁士理想主义哲学家（谢林、费希特、施莱尔马赫等）来说，知识的统一性应该围绕的点是哲学院（尽管康德认为它是低级的学院[1]），而法国改革者追求的是科学主义理想。

---

[1] 康德（1798，法语版1955）将高等学院（法律、医学和神学）与哲学院区分开来。但正如勒诺所评论的（1995年），这种表述是具有欺骗性的，因为在康德的计划中，文学院作为低级学院，是独立于国家的，因此可以追求真理，这实际上使它处于比其他三个学院更高的地位。

换言之，正如阿兰·勒诺所强调的，"学院之争以两种截然不同的方式进行了仲裁：一种情况下有利于哲学和人文学科，另一种情况下则有利于物理学和数学科学"。（Alain Renaut，1995：190）

然而，这种由科学主义理想所激发的改革并没有在法国的大学中成功实施。不可否认的是，19世纪末的改革使法国大学教育在数量上得到了飞跃。学院的学生人数迅速增加：从1886—1890年的平均17,503人增加到1891—1895年的23,020人，1896—1900年的27,960人，以及1901—1905年的31,514人。二十年里增加到原来的180%[1]。但从质量上看，这些改革遭遇了双重失败。

一方面，与学位授予和教学相比，研究在很大程度上仍然是一种次要活动。夏尔（1994）指出，新引进的"纯研究"学位[2]或被抛离了轨道，或被现有的系统所吸收，新设立的研究机构也是如此。从德国模式引进的改革与"法国模式的主导逻辑"背道而驰，后者要么将其转向其他目标，即新学位，要么绕过它们，从而维持自己的地位，如新的研究机构。改革非但没有促进大学的去集中化，反而最终加强了巴黎的中心地位[3]。

另一方面，科学主义理想作为团结和联合不同学院的原则从未发挥作用。大学没有获得更多的制度性内容，无法使其组成部分开展集体行动或在其成员中建立共同的价值观，无法使不同的学

---

1 数据由普罗斯特（1968：243）提供，来自1939年发布的《数据统计年鉴》第55卷。
2 高等学习文凭和大学博士学位。
3 巴黎已经对法国的大学系统施加了它的全部重量。根据魏斯所提供的数据，一半以上的学生在巴黎就读，"四分之三的医学、理学和文学博士是在巴黎培养的，一半的法律和科学专业从业者也是如此"。（1983：23）（作者译）

院对其任务、卓越的标准、工作方法形成类似的概念,也无法使它们对有利于科学(理学)的学科的权力平衡给予合法性的认可。在1896年的法律通过近二十五年后,生物学家莫里斯·科勒里在1920年的报告中总结了这种双重的失败,批评了"学位授予的优势,大学在制定大学政策和大学日常生活方面缺乏自由和自主权,以及大学在国家和国际层面与外部世界关系的薄弱"(Caullery,1920:51;引自 Charle,1994:420)。改革的学术野心没有实现,也并未催生出一个法国大学和研究共同体。

二、失败的原因

为什么会这样?是什么阻碍了实证主义共和理想的建立和成功实现?为什么法国的大学在19世纪末仍然是"不可能"的?为什么大学的重生问题在20世纪的大部分时间里仍是改革者辩论和改革意图的核心?

1. 坚持改革?一个错误的问题

第一个解释的路径是分析是什么阻碍了改革的哲学理念的成功传播,尤其是科学主义理想。克里斯托夫·夏尔就是运用这一研究视角,证实了"每个人都是为自己,每个院系都退回到了自己的特性中"(Charle,1994:136)[1]。他分析并指出了一些存在的结构性障碍——

---

[1] 这也是勒诺的解释(1995)。在分析关于新索邦大学的争议时,他声称科学主义理想没有获胜,因为它遭到了不认同它的行动者的有组织性的、积极的反对。

学者的社会背景、巴黎与各省之间的关系、每个学科的特殊管理模式，这些障碍使得科学主义理想难以传播。他进而提出："为了让科学家们成功地将其他院系转化为他们的解决方案，必须颠覆历史悠久的文化和学科等级制度，使科学家在学术声望阶梯上的地位与他们客观上升的社会合法性相吻合，而这本身就源自科学在经济发展中的新作用。这反过来又预示着科学界的共识，即必须有一种神圣的科学联盟来处理与外部世界的事务。"（Charle，1994：139）

然而，在我看来，19世纪末改革的失败，仅从知识分子的理想未得到全面支持来解释是不能令人满意的。如果这样解读，就意味着要假设法国大学在没有共同的"大学"理想的情况下是不可能存在的，或者换句话说，如果法国大学的学术界不能在同一原则（例如实证主义）的指导下形成和组建一个共同体，大学就不可能存在。事实上，如果我们将法国的经验与其他国家的经验相比较就会发现，大学的存在并不需要这样的条件。美国的研究型大学大部分是在学术"共同体"出现之前发展起来的，而且，美国的学术职业发展较晚[1]，是在约翰·霍普金斯大学或哈佛大学参与科学活动和开展研究人员培训之后才发展起来的[2]。

---

1 美国大学教授协会（AAUP）创建于1915年，是由美国社会学协会、经济学协会和政治学协会联合发起的。起初，美国学术界对它的评价很差，认为它是一种工会，但它通过捍卫学术自由和建议将长聘制度化这一做法获得了合法性（Lucas，1994）。

2 约翰·霍普金斯大学于1876年在巴尔的摩成立，象征着美国研究型大学的发展。根据约翰·霍普金斯大学第一任校长丹尼尔·科伊特·吉尔曼的说法，该机构的主要目的是"获取、保存、完善和传播知识"。（Christopher J. Lucas，1994：172）（作者译）

德国的情况也应该被考虑进来。在洪堡的改革实施之后，德国大学获得了一种机构地位，即使在其对国家和整个世界的知识和社会影响相对较弱的时期，它们仍然保持着这种地位（Ringer，1969）。不过，如果把这些大学看作19世纪初洪堡理想成功传播的证明，那就错了，因为德国大学实际上在很多方面与这些改革保持了距离。罗尔夫·托斯滕达尔（Rolf Torstendahl）(1993) 采纳了彼得·莫拉夫（Peter Moraw）(1982) 关于这个问题的论点，强调柏林大学的模式被其他德国大学修改了，不同类型的知识聚集在哲学院周围的理想从未实现：19世纪的德国大学经历了重大的分化和专业化的过程，促进了一些新学科（科学以及人文科学）的发展，结束了统一化的方法（Liedman，1993）。因此，德国大学机构的稳固性和实质并不是学术共同体坚持洪堡理想的纯粹产物。

因此，我们必须找到其他因素来解释法国共和制改革的失败和法国大学重生的流产。在我看来，有两个因素起到了核心作用：维持拿破仑改革时期遗留下来的双重集权以及将理念转化为行动的困难。

2. 维护国家和行会的双重集权

在改革结束时，法国国家集权显然是维持不变的。新规定实际上并没有质疑大学对学位授予的垄断。尽管1875年的法律延续了《法卢法》(loi Falloux)，承认了高等教育教学自由的原则，并为非公立大学的发展开辟了道路，但1880年的法律最终将授予学位的垄断权还给了国家，从而剥夺了私立机构自称大学的权利。阿兰·勒诺指出了这一转变，并出色地分析了原因。他还明确了可从中吸取的教训。重申国家垄断使得发展独立的大学成为不可能。他指出,"从那时起,(法国大学)将很难有任何新的未来;它与国家的关系在拿破仑时期就已经编织好了,而且确实是打了结的,不会真正产生松动"。(1995：173)恢复国家垄断意味着大学和非公立培训机构之间不存在竞争,因为国家学位始终保持其首要地位[1],并继续受到学生的青睐[2]。通过这些学位,国家行使了对教育内容的监督权。总而言之,国家的中央权力及其标准化的活力得以维持。

然而,与勒诺的解释(1995)相反,19世纪末的改革并不仅仅是收紧了大学与国家之间的现有联系,还重新构建并加强了行会和学科的集中化。19世纪的改革中所出台的几项规定修改了拿破仑改革所创造的单一团体管理的职能,其中就包括1850年的《法卢法》。该法赋予了"非大学学界人士"在公共教学委员会中的地位。只要监管是由国家任命的同行负责,学术界就会感到相对受保护和相对安全。《法卢法》使监管成为政治权力的一部分,而且一些年来,这种权力比帝国的枷锁更加严厉。1851—1856年,在时任教育部长福托尔（Hippolyte Fortoul）的领导下,教师经常受到指责和压制；高等教育课程被重组,详细的课程大纲必须提交给部委批

---

1 确切地说,1896年7月的法律规定设立特定大学学位是合法的,这种权利在世纪之交开始被使用(特别是在科学领域)。然而,这种培养框架和学位从未与国家学位有任何真正的竞争。
2 法国国家政府和学术界发现自己是客观的盟友：一方面,国家学位使政治和行政权力能够监督教育内容和知识考核模式；另一方面,发展国家学位符合学术界的利益,因为教师的经费主要是根据学生的注册人数来分配的,学生更愿意参加国家考试的学习课程。

准（Gerbod，1965）。因此，19世纪末关于改革公共教学高级委员会的讨论不是集中在是否废除它，而是集中在是否让它独立；不是集中在是否废除同行垄断，而是集中在是否重建，这一点并不令人惊讶。经过紧张的辩论，最终决定由同行管理同行：1880年1月2日的法律规定，公共教学高级委员会将完全由大学成员组成。显然，共和制改革完全重建了行会中心，使其在大学学者眼中恢复了充分的合法性。

将大学教师的管理权移交给各个大学从而实现"去中心化"的计划失败后，公共教学高级委员会获得了更多的合法性。正如乔治·魏斯所强调的，在创建大学的共识上，行会主义传统的支持者与经济和政治自由主义者之间存在着强烈的紧张关系，前者试图"重建失去的行会主义的团结和凝聚力"（Weisz，1977：213），后者则主张"学院在决定学习项目和聘用教授方面享有完全的自由"（Weisz，1977：212）。在改革中前者胜出了。根据魏斯的说法，这是因为这些改革举措也符合学术界"专业化"的战略，促进大学学界作为一个整体得到发展，没有内部区别。大学的学者们也表达了他们的意愿，成为"独立的学术和研究人员，既不对国家也不对整个社会负责，而是对国际科学界的同行负责"（Weisz，1977：70—71）。事实上，这一做法通过反对同行之间存在任何类型的区分来保护行会。魏斯在研究（1977，1983）中指出，在关于大学学者的报酬的辩论中，"赢家"是不竞争原则。虽然包括自由派议员拉布莱（Laboulaye）在内的一些与会者呼吁制定一项原则，允许法国教授从学生的注册费中支付课程费用（就像德国教授的情况一样）¹，但经过长时间的辩论，部长却选择了一个标准的工资表。无论工作内容和质量如何，无论招收多少学生，具有同等学位和职称的报酬是一样的。夏尔的研究所得出的结论也基本相同（1994），他指出，这是"基于社会原因的拒绝"²。用一种优雅的说法暗指那些推动改革的人并不完全是基于竞争和权力下放的德国模式的热心支持者，新的模式需要制定新的职业规则，而现有的对他们而言更有利³。

所有这些事实表明，19世纪末的改革致力于重建和巩固行会中心。每个学科家族都可以拥有自己的模式这一权利没有受到质疑，以学科为基础的高度集中的职业管理方式得到了维持和加强，并再次获得了合法性。

3. 想法转化为行动的问题

19世纪末的改革结果令人失望的另一个因素是实证主义的共和主义理想没有完全转化为可运作的结构组织。

在这一点上，对法国和德国进行比较也很有启发。19世纪初的普鲁士改革所形成的结构比法国更忠实地反映了知识分子的计划，

---

1 当时，教授们的工资是固定的，只能用考试费来补充。
2 我对夏尔的结论的表述比他自己的表述要愤世嫉俗得多（Charle，1994：59）。他是这样说的："共和国需要科学，但也需要民主。学者们想改善他们的地位，就像他们的德国同事一样，但要集体做到这一点，而不是通过增加他们之间已经存在的差距和强化最强大的人来实现。"
3 据魏斯说（1983：80），最年长的大学教授对于不要求在进入大学职位之前有很长的中学教学经历持抵制态度，法律和医学领域的教授们也不同意任何取消他们在教学时从事职业活动的权利的举措。

正如勒诺（1995）无意中在他对施莱尔马赫和费希特之间关于如何组织未来的柏林大学的争议的叙述中所表述的那样[1]：德国的理想主义模式能够走到今天，是因为洪堡很明智地选择了施莱尔马赫的制度计划而非费希特的专制计划。相反，在法国，并没有任何针对结构性条件的改革（或与之相适应的），而这些条件对于实现法国大学的共和实证主义理想来说是必要的[2]。更明确地来讲，我并不是说要使法国大学成为可能只需设想出一种适合知识分子概念的组织形式就够了，而是说，仅有概念是不够的，还需与其相一致的制度结构才能实现。与勒诺（1995）想让我们相信的相反，并不是19世纪早期关于德国大学的高质量的公开辩论使"洪堡模式"的出现成为可能，而是将这一理念注入现实的结构和运作模式中使德国大学取得了发展，并最终使它们从最初的理念中解放出来。在法国，由1896年的法律推动的"制度设计"实际上形成了与改革背后的理念不相容的两个组织特征：第一，它将决策权集中在学院内，从而削弱了大学层面的权力；第二，它没有批判性地考虑每个主要的学科家族都有自己特定的游戏规则，从而让这些学科退缩到了自己的内部。（Charle，1994）

改革进程本身对这两个特征的形成负有很大责任。魏斯对这一过程的分析（1977，1983）使我们能够理解为什么尽管在19世纪

---

1 因为在勒诺看来（1995），德国大学的发展是由思想和辩论推动的，而不是由这些带来的具体建议推动的。

2 与帕斯尤和安托万合著中肯定的观点形成了鲜明的对比，勒诺认为由"1896年的拯救法"创建的大学"首先是大学意识形态的机构"（帕斯尤所强调的）（Antoine et Passeron，1966：152-153）。

第一部分 学院共和国

末关于改革的辩论中法国确实存在两种对立的观念——一种是自由主义,另一种是行会主义,却没有类似于施莱尔马赫和费希特之间的争论[1]。双方在一个问题上达成了共识,那就是法国大学必须重生。然而,恰恰是没有讨论他们各自对这一问题的确切理解,才使广泛的共识成为可能。改革者,尤其是路易·利亚尔,运用伟大的政治技巧把握和巩固了这一明确的(尽管是最低限度的)共识,同时设法不激起隐藏在表面之下那深刻的意见分歧。魏斯认为,改革者[2]通过动员每个人围绕"大学"这一概念进行辩论,进而避免了两个相互竞争的愿景之间公开对抗,因为这一概念足够模糊,这使得每个人都能从中找到所期待的阐释[3]。改革者没有通过引发辩论来打破对大学理念的脆弱共识,而是选择了一种循序渐进的方法,逐步落实一个接一个的小举措。这样做的结果往往是行会主义者的理念战胜了自由主义者的理念,进而强化了学科的特殊性和差异性。

虽然改革可以由几个重要的日期来代表(尤其是1885年和1896年)[4],但也有一些不太重大但同样重要的步骤,它们更清楚地阐述了改革所选择的道路。改革进程不是从创建大学开始的,那是

---

1 自由派阵营赞成进口德国模式,而且是几乎不做任何改变地引进。
2 与普罗斯特(1986)一样,魏斯(1983)谈到了阿尔贝·迪蒙(Albert Dumont)和路易·利亚尔使用"战术"或"战略"来实施改革。
3 "引入某种程度的竞争与结束现有的竞争并将教授重新组合成巨大的、强大的行会组织的愿望是并存的。大学这一概念的魅力和诱惑力恰恰在于它能将这些矛盾的目的纳入其中。"(Weisz,1977:226)
4 1885年是一个重要的年份,颁布了一系列法令,其中包括授予学院民事法人的一项法令。1896年是改革的顶峰之年,7月10日颁布了法律。

第一章 从帝国大学到学院共和国

改革的最高成就，换句话说，大学的建立并不是整个改革的基石，而是对已重建的大厦的最后修饰，而大厦的基础无论过去还是现在都是学院。1896年的法律将各学院聚集在同一屋檐下，这确实回归到大学的本义，即不同类型的知识聚合的地方。而且，为不同学院创建了一个共同的审议机构[1]，这也是一个补充性的突破。各学科之间的合作与权力平衡自此可以（至少部分地）在大学内部得到解决。然而，这个被理解为汇集甚至超越"部分"的"整体"，实际上是"部分"（学院）在1808年帝国大学内部重组八十八年后、获得一定程度的自主权十一年后才建立的。1885年，各学院成为民事法人，这是迈向财政自主的第一步，因为它们自此可以筹集和使用私人资金。几个月后，"12月28日的法令通过创建学院院长这一职能加强了高等教育机构的自治。虽然院长是由国家教育部长任命的，但他们首先由相关的学院大会选举产生，负责管理学院实体，既是学院的代表，又是中央当局的代理人"（Renaut，1995：155）。此外，在每个学院内部都设立了理事会和大会；大会由所有教职员工组成，负责就图书馆、学生等问题做出决定；更重要的决议（例如招聘）则是理事会的事情，只有常任教师才能参加。（Clark，1973：25—26）。

1880—1883年还颁布了一系列改革法令——包括陆续取消教授向教育部提交课程大纲的义务，减少国家干预学术职业管理的权力。1889年的财政法则赋予各个学院自己做预算的权力，最后则是

---

[1] 这个机构负责管理注册和学习费用。

制定相关程序允许有关大学教授参与任命终身教授教席的决议。很明显，这一系列举措都说明学院的重生先于大学的重生。围绕重建大学所达成的共识在19世纪80年代末的实践中合乎逻辑地重新催生了忧虑和阻力。路易·利亚尔最初的计划是建立少数完整的研究型大学，而不是分散的、包含所有等级学院的机构，因此这个计划被撤销了[1]。"事实上，有必要满足来自地区层面的施压诉求，他们希望把每个地方的学院都变成一所大学，安抚各学院对失去自主权的恐惧[2]，并明确表示集中资源和进行共同的基础设施投资将保证效益最大化。"（Karady, 1986b: 332）改革者们利用循序渐进的策略在未从根本上进行重新安排的情况下，制定了1896年的法律。这的确可能为创建新的大学奠定基础[3]，并使这一前景显得不可阻挡，但这也意味着改革"火箭"的最高层极度依赖所有低层。此外，1896年的法律并没有对以前建造的"大厦"进行认真修改[4]，例如，特里·克拉克（Terry N. Clark）（1973）认为，早在1885年，每个学区都成立了一个（由学院院长和学区区长［国家

---

1 这阻碍了可能与巴黎的科研机构竞争的研究中心的发展。
2 这些担心在1887年由朱尔·费里（Jules Ferry）委托进行的全面的院系调查中得到了明确的表达。魏斯（1983: 135）解释说，虽然有44个院系宣布自己赞成发展大学，实际上，除了极个别的，其他学院的回复是"注意确保新的大学机构仍然是院系决定的橡皮图章"（1983: 140）（作者译）。
3 魏斯（1983）列举了为鼓励同一城市的学院之间的联系和合作所做的努力。
4 这表明，1896年的法律的真正创新之处在于允许大学直接向学生收取注册费（国家考试费除外），以及对寻找非国家资金的激励，这增加了自主资源的比例（魏斯[1983]估计，在1900年的大学预算中这种资源的比例为25%）。这些激励措施与今天对法国大学发出的指示有奇怪的类似之处。

第一章 从帝国大学到学院共和国

教育部的地方代表〕组成的）学院总委员会，这些委员会在1893年成为民事法人。因此，根据1896年7月的法律成立的大学理事会只是这个早期委员会的延续，并没有给它带来更多的合法性，因为理事会的主席不是别人，正是学区区长。与学院院长不同，学区区长是由国家教育部长任命的，而不是由常任教授们选举出来的。20世纪初，确保学院共和国持久发展的一切都已就绪。

第二章
学院共和国

不可否认的是，经过第三共和国时期的改革，法国的大学教育无论是在范围上还是在内容上都不再像拿破仑时期那样了。学院已经从中学教育中独立出来，学生和教师正在变得专业化，并获得了比以前更牢固的地位。然而，这些改革并没有对帝国大学所建立的集中化、国有化的全国性模式产生怀疑，事实上，这些改革反而强化了这些特征。法国大学于1896年重新建立，但与学院相比，它们的特权和合法性仍然受到严格限制。在20世纪的大部分时间里，法国大学的夭折以及相应的对学院的强化，在法国大学机构的体制历史上留下了深刻的印记。学院共和国一直保持到1968年[1]。

---

1 除了在1920年创建了大学研究所（Schriewer，1972）之外，在1896—1968年，法国高等教育没有进行任何重要的改革（Ewert et Lullies，1985）。然而，皮埃尔·舍瓦利耶、贝尔纳·格罗佩兰和让·马耶（1968）指出，在1920年7月的文本之后，大学的概念扩大到不仅包括学院，还包括图书馆、研究所、实验室等。

学院共和国呈现出三个基本特点。其一，大学的学术职业继续由学科内部管理，大学不起任何作用。事实上，当职业管理不再由国家干预，而是逐渐成为学术界的专属领域，这一特点得到了加强。其二，在那些"不存在"的大学里，核心人物是学院的院长。其三，国家通过学院组织来引导大学的发展。总之，国家指导模式、学术职业管理和大学管理相互加强，创造了一个由垂直学科逻辑主导的大学系统，但大学在这个系统中没有真正的地位。

在详细分析这三个特点之前，应该澄清的是，20世纪前六十年所呈现出的某些突出特征并不是那个时期所特有的——要么之前就存在过，要么一直保持到现在，正是这些组成因素的共存和综合效应，而非某单一因素，定义了我所说的学院共和国。

第一节 职业管理与学院结构

尽管大学在1896年获得了行政意义上的重生，但并未改变拿破仑建立起来的以学科为基础的组织结构，这也是第一个特点形成的源头。与之相反，在19世纪末，大学共同体的纵向分裂反而进一步加剧了。魏斯（1983：第9章）解释说，尽管高等教育协会[1]努力保持唯一的职业协会身份，但专业协会确实也在发展，由以学科为基础的组织开展更加全方位的职业管理的诉求也在不断增多。例如，要求用一套全国性的、代表不同学科学院的理事会体系取代公共教

---

1 另见夏尔（1994：76-77）关于这些协会的成立的论述。

育高级委员会和咨询委员会。这一诉求在1945年得以实现,与不同学科的学院对应的国家层面的分理事会正式设立(Cohen,1978)。

除了这方面的专业化,应该指出的是,每个学院都建立了职业管理必须遵循的具体规则[1]。在法学院、医学院、理学院和文学院,获得正式教授职位和正式职业晋升的程序一般来说是不一样的。在通过全国范围内的竞争性高级教师资格考试获得全职教授资格的学科与其他学科之间(至今)都存在着强烈的分界线。在未设有该资格考试的学院中,文学院和理学院之间的分界线也很明显。在文学院,教师在中学的教学经历很快会成为强有力的资本;然而,在理学院,最好不要以中学教师的身份开始自己的职业生涯。这些做法在整个学院共和国时期一直存在,延续至今[2]。

直到20世纪60年代初,在所谓的"省"级学院(省是法国的一个基本行政单位——译注)和巴黎学院之间也存在着地理上的分割,尤其体现在工资差异上。然而,行政管理和工资差异仅是巴黎对学术职业管理行使统治权的最明显的表现之一。首先,许多在巴黎机构中任教的学者除了教学收入,还会有从事专业性工作的额外收入来源,可从初级和中级教科书中获得版税(Weisz,1983)。其次,巴黎的学者在很大程度上主导了中央机构(公共教育高级委员会和咨

---

[1] 法国学术职业按学科进行差异化管理,这在今天仍然是一个规则,与其他国家目前统一的职业发展形成强烈对比。例如,在德国,所有机构和学科进入教授队伍的方式都是严格等同的。

[2] 例如,要想有机会获得大学历史专业的职位,拥有中学高级教师资格实际上是必不可少的,在申请高等教育职位时,在中学教过书往往被认为是一种财富(Blangy et Musselin,1996)。

询委员会），负责审查空缺教师职位的聘用决定。再次，巴黎也是绝大多数研究中心的所在地，全法三分之一的学生在这里学习，大多数博士论文在这里进行答辩。最后，也许也是最重要的一点，巴黎的学院是大学系统的磁场中心：成功的学术生涯会在巴黎达到顶峰[1]。

巴黎与各省之间巨大的不平等持续到了20世纪上半叶，直到1960年才开始减弱[2]。然而，在同一时期，学科差异却不断加强。这方面最明显的表现之一是每个学科学术人员类别的发展。许多研究证实了这点，这里我将从弗朗索瓦斯·马耶尔（Françoise Mayeur，1985）的研究中选出两个例子进行讨论。首先是副教授（maîtres de conférences，涵盖我国的副教授与讲师——译注），这一学术团体创建于1878年，但只存在于文学院和理学院。在医学院和法学院，除了正式的教授之外，还存在着第二支队伍：已经通过了高级资格考试的候补人员，他们正在等待教授职位的出现。其次是关于助理这一类别，各院系的做法各不相同（Mayeur，1985）。在理学

---

[1] 不过，正如夏尔（1994）所表明的那样，如果我们不考虑每个主要学科家族的关系的特殊性质，就无法理解巴黎和巴黎以外的关系。在文学领域，巴黎是卓越的，一个省级大学的教授如果直接申请索邦大学的职位，根本没有机会被选中。他应该先回到巴黎，在等待索邦大学的教职空缺时，可能要先离开高等教育，转而在中学任教。特里·克拉克（Terry Clark，1971，1973）所描述的赞助人和集群系统在文学领域是最有效的。在科学领域，巴黎的吸引力就没有那么强了。一些省级大学可以通过投资应用研究而获得良好的声誉，其职业游戏也不像巴黎那么纯粹。

[2] 到1961年，当省级学院和巴黎学院之间的区别被正式废除时，巴黎在职业管理方面的主导地位已经开始被削弱了。巴黎的学者已经不太可能在国家大学委员会（CNU）的学科部门中占多数了，而且已经努力将学生人数更均匀地分布在法国的领土上，避免将研究中心集中在巴黎地区。

第一部分 学院共和国

院和医学院，助理正式出现在1925年，当时拥有永久身份的实验室示范员（自19世纪就存在于实验室中）被赋予了这一称号。在文学院，这一类别在1942年才设立，但不具备高等教育的永久性身份[1]。在法学院，助理职位以奖学金的形式被分配给博士生或准备高级资格考试的学生。因此，就这一工作人员的类别而言，各学科之间存在着巨大的差异！[2]

因此，在20世纪前三分之二的时间里，法国大学职业的两个最强特征是垂直的、集中的职业管理结构和学院的特殊性。大学被完全排除在教师的晋升和聘用决策之外，没有任何空间或结构能够在不同的学院之间建立起活生生的横向联系或在各自为政的学院之间激发横向教学或研究项目的发展。

第二节　学院主导型管理的制度化

学院共和国时期是中央行政部门（国家中心）和全国性行会共同管理大学，这种管理方式尊重不同学院构成的垂直结构的等级，并使其合法化。这种联合管理与学科专业化是帝国大学的特点，正如保罗·热尔博（1965）所指出的，公共教育高级委员会具有特别的重要性，而19世纪末的改革几乎未能松动部委（这些部委中

---

1 在文学院，大多数助理是在大学中被临时分配的具有中等教育高级资格的助理，他们是中等教育在编人员，但在高等教育层面没有长期的职能。
2 20世纪80年代初关于高等教育学术人员的《盖尔莫纳（Quermonne）报告》（1981）明确强调了这种多样性。

的部门主管,甚至连部长自己都曾经是大学教师)与大学代表(学科和学院的代表)之间的密切联系。事实上,公共教育高级委员会在这一时期恢复了其原有的纯洁性(非大学工作人员被排除在外),虽然根据官方文本,教育部的特权已被大幅削减,但实践与理论相差甚远。直到"二战"期间,教育部仍拥有设立新的教席和任命新的教席负责人的正式权限,而填补空缺的教授职位则由国家机构和学院委员会决定。实际上,正如克拉克所指出的,在设立新教席的所有决定中,部长都征求了公共教育高级委员会的意见,"在19世纪末和20世纪,由大学资深学者组成的国家委员会,主要来自巴黎,继续为教育部提供建议……教席名称的改变和提名教席都需要得到他们的批准"。(T.N.Clark,1973:26)(作者译)为了填补空缺的教席,有关学院和公共教育最高委员会会各自提出一份包含两位候选人的名单。魏斯认为,教育部往往遵循学院的选择,尽管"该机制具有潜藏的威胁,但它迫使学院委员会做出合理的学术选择"。(Weisz,1983:197)(作者译)夏尔在其研究中确实报告了教育部利用其地位实现公开的政治目的的情况:"共和党政府毫不犹豫地基于大学以外的考虑而设立教席,要么是为了引入学院或法兰西学院拒绝的新课程项目,要么是为了回报忠实的政治支持者,这是很常见的。"(1994:322-323)教育部有时也会放弃大学行会内部达成的协议,但夏尔确认,这种强有力的国家干预变得越来越少了(他引用的案例都发生在1900—1908年)。因此,似乎可以说,教育部和行会中心之间的勾结,以及它们各自的责任和官方权力的模糊化是20世纪上半叶的特点。

"二战"后,该系统仍然是一个联合管理体制,但1945年后开始朝着三个方向发展。首先,变得更加以学院为主导。行会中央权力机构被重组为五个专门的部门,每个部门对应一个学院。其次,教育部和大学咨询委员会(即今天的国家大学委员会［CNU］的前身)之间的权力分配更加明确[1]。教育部负责职位的设立、管理,各院系间职位的分配,同时制定学术职业发展的规则,并组织招聘和制定晋升程序。行会国家权力机构则于1945年开始负责人员的遴选,克拉克指出:"须批准新教席的现任人选(而非像早些时候那样由教育部决定),建立国家人才储备库以便从中抽取初级教师人选。"(1973: 26)(作者译)

最后,我们观察到,有利于学院的权力重新得到平衡,在教师招聘中学院前所未有地获取了如此大的权重。尽管法规正式将最后的决定权留给了教育部长,但正如罗贝尔·埃洛德特(Robert Ellrodt)(1992)所指出的,教育部长几乎总是遵循学院的建议。咨询学院的意见在任何情况下都不是强制性的,"却是非正式的规则……能力资质清单废除了之前的制度,给学院留下了很大的自主权,至少在填补空缺职位方面如此。而在稳定时期,空缺职位的数量远高于新的职位"。(1992: 229)

联合管理并不仅仅体现在职业生涯与职位方面,也广泛真实地反映在国家干预大学教育的方式中。从行政管理体系来看,1947年,

---

[1] 夏尔(1994)将国家在涉及个人事务上的脱离归因于大学学术界日益专业化和职业化的发展。

国家教育部包括一个高等教育司,该司由三个办公室组成,分别是人事办公室(以学科划分)、学习项目组织办公室和预算办公室。这种结构一直保持到1960年,而且几乎完全相同。1961年,高等教育司重组为三个子部门(但权力划分与之前完全相同)。行政登记册本身也反映了学科划分的重要性,1960年发布的关于法国大学的文本,以及后来对1968年"五月事件"的解读等也都证实了这一点。皮埃尔·萨尔蒙(Pierre Salmon)(1982)解释说"法学课程是由法学教授委员会在教育部开会时详细确定的,适用于每一个法学院"(作者译),并总结道:"每个学科领域在全国层面都是自治的,在地方一级几乎没有变化的可能。"(1982:66)(作者译)同样,在教育部官方文本中也可以看到学院的影响。1966年,克里斯蒂安·富歇(Christian Fouchet)推行的课程改革完美呈现了学科分割的强烈程度,每个学科都试图将其模式强加给整个法国。"每个领域(社会学、历史等)都被定义得非常详细,每个科目和学习年级都有具体的课时数。考试被定义为典型的法国风格:大学没有选择权,对于每个学习项目,改革都规定了不同考试的性质和时长,以及每门考试在最终评估中的权重。"(Prost,1992:124)

显然,教育部对学院没有什么影响力,学院选择自己的成员,决定学习项目的内容,并直接与中央行政部门协商预算。在这种学院主导的结构中,院长,尤其是巴黎主要学院的院长,发挥着核心作用。教育部认为院长才是真正可以与之对话的人,这对大学校长(学区区长)很不利。在大学里,院长是唯一合法的负责人。

第三节　院长：大学的核心人物

大学缺乏实质性内容和学院主任这一角色的重要性是学院共和国的显著特点。根据普罗斯特的说法，在1968年之前，"大学只不过是一个学院的组合，真正的权力属于学院院长。学院下设的学系，以及所有其他形式的组织都没有真正的权力、没有管理预算的权力。而在学院之上的校长，一个主持大学理事会的国家官员，仅是一个礼仪性、象征性的角色"。（Prost, 1992: 136-137）

大学校长（学区区长）经常被指责为教育部的"世俗臂膀"。正如古斯多夫所说："校长不是我们的独立性的保证人，而是我们的依赖。"（1964: 146）这种观点表达了一种反对意见，不是反对校长的实际行动和制约力量，而是反对他们缺乏合法性，因为他们代表的是政府，是政府任命了他们，而非行会。安托万校长在20世纪60年代中期的叙述证实了校长职能的两个主要局限性。校长们几乎没有采取行动的手段，但最重要的是，他们明显缺乏合法性[1]："对于由国家任命的校长，同时也是学区的区长来说，这样的管理是一种含糊不清、令人不安的工作。事实上，一般而言，校长并不是该大学的成员，少数情况除外。这样一个'校长'会领导大学理事会做什么？他必然是一个入侵者，或者用更友好的方式说，是一个被叠加在建

---

[1] 古斯多夫认为，甚至大学校长出席院长会议也是一种权力的滥用（1964: 160）。"拿破仑传统下的校长作为最高当局的代理人，显然是成熟的大学存在的一个障碍。"（1964: 150）

筑外部的建筑。"(Antoine et Passeron, 1966:33)

院长的情况则完全不同,他们由同行选举产生,享有极大的合法性。而且,所有重要的决定都是在学院层面做出的:预算谈判、内部预算的分配、学习项目的组织、招聘等。这里的组织结构与专业的(以学科为基础的)组织结构完全一致,事实上,组织被溶解在了学术职业中(Musselin, 1998)。而且,决策过程完全是合议制的[1],也就是说,决策权只掌握在正式教授的手中,因此,完全是由同行决定的。

学院和院长主导的运作机制所导致的必然结果就是学院间联系的缺失和大学内部动力的缺乏。从20世纪初开始,院系间合作的缺失就很明显了。魏斯(1983:325)列举了跨学院学科的发展(例如,社会科学和地理学或商业课程)所遭遇的困难,以及不同院系所提供的服务的重复性。20世纪20年代的《科勒里报告》也指出了这种情况,这也成为1956在卡昂召开的第一次会议的核心议题。在这次会议上,院系分割、多学科课程组织和大学教师开展跨学院授课的困难等问题被提出来并予以批判。学院间的薄弱联系源自法

---

[1] 合议制可能有两种含义。一种是客观的,指的是在一个组织中同一级别的同事集体做出决定,这与等级制度的情况是不同的。另一个意思更加规范,指的是决策过程的质量。当决策是通过讨论达成的共识和/或妥协,无论所涉及的行为者的地位是否相同,这个过程都被称为合议制。对于泰勒(Taylor, 1983:18)来说,合议制描述了一个"由个人和团体组成的共同体,他们可能有不同的角色和特殊的联系,但持有共同的目标和目的"(作者译)。在这里,"合议制"一词与"政治"形成对比。我关注的是第一种含义,它不排除冲突或影响力的发挥,也不预设行为者拥有相同的价值观。

国大学系统的垂直结构。实际上，学院院长的相关对话者不是同一所大学的其他学院的院长，而是全法同一学院体系内的其他院长，来自同一学科家族的全国性院长会议比大学理事会更重要。

显然，法国大学在1968年之前并不存在，但它们的不存在只是将这一时期称为学院共和国的原因之一。正如我在本章中所呈现的，"大学"层面的不稳固性无法脱离国家指导模式、教育部与行会之间的关系以及学术职业管理中以学院为基础的结构性力量。整个系统的一致性以及它所产生的强化效果，使我们有可能谈论一个学院共和国。再举最后一个例子，同一所大学的学院之间没有课程交流，这不能仅仅用大学的守旧主义或无法想象这种安排（一些大学曾尝试过交换，但没有成功）来解释。为了充分理解这种情况，我们还必须考虑到这种项目在大学之外遇到的障碍：与由各学科负责制定的国家规范框架不相容、课程学时的预算分配，以及不同学院间对同行的互认问题等。总而言之，学院共和国远远超出了学院本身！

第三章
学科监督下的大学

　　法国大学教育发展至20世纪60年代中期形成了两种基本的发展动力。一种动力是标准化，催生了国家系统的建立。通过设立国家学位和统一的组织地位与结构，这一系统旨在保障整个法国教育供应的同质性，以及每位拥有Bac学位的公民都能进入大学接受教育。这一系统是由国家公务员提供服务的，完全由政府资助，是一个公共的、（几乎）免费的系统，其特点体现在它的统一性、所学习的课程的学术性、薄弱的适应能力以及为学生所准备的狭窄的就业范围等方面。除了医学和法律，法国大学的其他专业都是在为中学教学与公共行政部门培养人才，仅此而已。此外，没有什么可以威胁大学部门显著的稳定性和同质性（Bourricaud，1971：47），因为这些已经被非大学高等教育部门——大学校——的发展所弥补。为弥补大学的不足，大学校承担了培养国家技术、行政、政治和经济精英的工作，并从中获利。因此，直到20世纪60年代，法国的高等教育一直按照两种模式发展：一种是集中化、严格的平等主义、标准化的大学教育模式，一种是多中心、多样化的其他高等教育机构的模式，这些模式的形成源自外部因素的差异化[1]。

与标准化的动力并行的是，法国大学教育同样经受着以学院为主的动力。如前所示，法国大学是由垂直的、分门别类的学科组成的，这些学科内部具有很强的同质性，学科之间则存在较大的差异（在学术人员的地位、职业晋升、学习课程组织等方面）。上一章所述的学院共和国的发展则强化了这第二种动力。

1968年11月政府颁布《富尔法》，废除学院，终结了学院共和国。这部法律通过的政治和社会背景是众所周知的，而且人们经常指出，这部法律是在学生人数增长了十年之后颁布的，在此期间，历任教育部长都无法有效地实施任何改革。（Prost，1992）

《富尔法》颁布后受到许多批评。有些批评认为，它打破了合

---

[1] 这种类型的高等教育扩张在许多其他国家也可以看到。在德国，高等教育包括大学、专业学校以及音乐、建筑等专门学校。在美国，它包括研究型大学和不提供博士课程的机构，更不用说社区赠地学院等。在英国，在1992年之前，区分大学和理工学院是有意义的。法国案例的特殊性呈现在两方面：一方面，区分的过程涉及教育和研究——在法国，研究是特定机构（国家科学研究中心［CNRS］、国家卫生与医学研究所［INSERM］、国家农业研究所［INRA］等）的职责；另一方面是大学校的发展。在其他国家，在大学机构之外发展的机构从未拥有与大学同等的声望，大学仍然是榜样和卓越的模式。在这些国家，其他机构的建立并不是为了弥补大学的不足，而是为了满足大学无法满足的需求（例如，参考布兰特［Brint］和卡拉贝［Karabel］1991年介绍的美国社区学院）。

议制模式，从而使教授的权力消失了；有些批评认为，它重新建立的系统使大学决策机构的选举模式和组成容易被政治化；有些批评认为，它在"不完整"的大学[1]中重建了旧的院系，是围绕政治联盟而非一致性的教学和研究结构构建的；有些批评认为，它创建了新的大学的基本组成部分，即教学与研究单位（UER），这被认为是一种类似于美国大学的"学院"和"系"之间的额外级别的组织。然而，不可否认的是，1968年的法律使大学在缺席近二百年后重新回到了法国的高等教育中。因此，它使1896年7月的法律未能实现的事情成为可能：超学科机构诞生。1968年11月7日的法律标志着法国大学历史上一个基本阶段的开始。正如普罗斯特所写，"1968年不仅标志着在路易·利亚尔的领导下，通过1885年的法令和1896年的法律组织起来的20世纪大学的结束"（1992：138），而且还打破了与帝国大学一起建立的以学院为基础的关于大学教育的设计。

但是，虽然法律旨在为新大学提供直接的制度手段，使其变得更加自主，能够发展自己的集体项目，但这些大学内部的组织学习过程非常缓慢，其治理模式仍然薄弱。这种缓慢是否应归咎于《富尔法》和后来1984年的《萨瓦里法》（loi Savary）中的制度选择？这只是部分原因，我们必须再次考虑中央行政部门的指导模式、教育部与大学行会之间的关系以及学术职业管理结构的不稳定性。根

---

[1] 这与"综合性"大学形成了对比，即提供所有主要学科课程的大学，如德国大学或美国研究型大学。

据我在20世纪80年代对法国大学和中央行政机构运作的研究中得出的主要结论，很明显，大学治理的薄弱是由教育部的指导模式造成的，而且在很大程度上是由它维持的。

学院共和国在二十年间被学科监督下的大学所取代，下面将对《富尔法》通过的情况及其带来的变化进行回顾。

第一节 《富尔法》：实用主义而非理想主义的大学设计

《富尔法》可用不同的方式进行阐释，正如埃德加·富尔（Edgar Faure）在国民议会和参议院的演讲所表明的（Faure, 1969），它包含了一个意义深远的社会计划。对埃德加·富尔来说，大学危机只是撼动法国青年和整个社会的大危机的一个方面。要解决的问题是如何让年轻人准备好在一个以社会职业为上升阶梯的社会中生活。这涉及"学会如何学习"和获得多学科的技能，而不仅仅是积累知识。改革不是为了大学，其目的是使大学能够有效地参与对未来公民的培养。这就是为什么必须改变大学教育的组织形式，取消院系，并创建真正的大学。

该法的基本思想，即现代的、有活力的高等教育在没有大学的情况下是不可想象的，这实际上是源于一些大学学者的结论。20世纪50年代开始，这些学者就已发表批评性文章，对形势做出直接诊断，并提出改革建议（参见 Esprit, 1964; Gusdorf, 1964; Antoine et Passeron, 1966 等）。弗朗索瓦·布里科（François Bourricaud）（1982）所说的"改革联盟"就这样建立了。在很大程度上，改革的立场则形成于1956年和1966年在卡昂举办的第一次和第二次讨论会上。如同19世纪末一样，建立自治的大学是改革思想的核心，是一种中心思想，有时还会汇合不同的立场[1]。1968年以前，对大学的批评多集中于僵化的教席制度，认为它是一种分散的、抵制创新的因素，并呼吁大学的发展要允许跨学科的交流和不同类型的知识的混合。

研讨会的与会者认为重建大学是解决问题的办法，这不禁让人想起19世纪末对这个问题的思考。尽管早期的思想家多受洪堡大学的启发，后来的思想家则从美国研究型大学中获得启示，但阅读这两个时期的文章和提案，还是让人感到历史在重演。例如，在1966年研讨会的总报告中，数学家安德烈·利希纳罗维奇（André Lichnerowicz）对法国没有大学表示遗憾[2]，呼吁建立自主的、相互竞争的机构，每个机构都设有一个由选举产生的校长，以及由几位教授组成的系。这样的安排将结束教席制度，并打破五大院系的秩序。他还建议废除国家学位，并为每所大学的教学岗位分配一笔总的预算，而且这笔预算不是由教育部预先分配的。在1966年举办的卡昂研讨会上，与会者所构想的大学是在行政、预算、教学方式和方法、学术人员管理等方面具有高度自主权的机构，他们的方案肯定不会被上个世纪最自由的共和主义改革者所拒绝的。

---

1 例如，古斯多夫（1964）所设想的新大学的使命与卡昂会议组织者的想法没有什么共同之处，但他们都一致谴责大学被分割成院系以及法国大学不存在这一现象。
2 "现代意义上的大学这一概念对法国人而言几乎是陌生的，这里只有孤立的院系，同时嫉妒着各自的孤立。"（Lichnerowicz, 1966：1）

将19世纪的共和制改革和1968年的改革相提并论,这种想法虽然很诱人,但后者不可能走得太远,原因有三。第一,两者的背景明显不同。诚然,《富尔法》的指导原则受到卡昂会议"改革联盟"的影响,但与19世纪末的改革举措不同,该法并不是一个思考和辩论过程的顶点。虽未忽视这种思考和辩论,但该法并非产生于其中。《富尔法》的出台及其准备、讨论和通过的速度首先要归功于"五月运动",尽管在此前几年,大学已实施了一些改革举措,例如建立了大学技术学院(IUT)。尽管在筑起第一个街垒的时候,教育部就已即将通过修改法案了(Prost,1992),但在学生运动发生之前,政府的议程上并没有任何根本性的改革方案。尽管《富尔法》从几个大学教授的改革想法中得到了启发,但它是1968年"五月运动"的结果。此外,在学生运动爆发之前,因大学的改革者和中央行政部门之间的合作关系非常薄弱,并没有开展共同的准备工作。在20世纪50年代,教育部官员优先关注的是中学教育改革(其中有一些例外,如政治家皮埃尔·孟戴斯·弗朗斯[Pierre Mendès France]和高等教育部门的负责人加斯东·贝尔热[Gaston Berger];见弗朗索瓦·布里科1982年的报告)。在20世纪60年代,教育部中的高等教育主任们从未得到过路易·利亚尔在八十年前获得的那种改革者的支持。

第二,两次改革所形成的对大学的最基本的概念不同。虽然《富尔法》确实回到了将不同种类的知识统一起来的理想——这已是第三共和国改革者的目标,但实现这一目标的方法则务实得多,例如多学科性。围绕着一个单一的组织原则整合所有知识的神话,不管是来自科学的还是来自哲学的，都被放弃了，最终选择了一个横向合作的神话。学科之间的合作、参与联合教学和研究活动将弥补学科分化和专业化的影响，并最终整合知识。巧妙构思具有高度象征性的新的专业术语，如指定大学学术人员用"教师—研究人员"、系用"教学与研究单位"来表述。通过创造新的制度条件促进合作的开展。1968年的《富尔法》旨在削弱学院的权力，并通过设立大学决策机构（大学理事会和科学委员会）来加强大学的集体性，为多学科性注入活力，强化大学的决策权。此外，为了明确今后国家将行使更柔和的控制权，并赋予新的机构更大的合法性，每所大学将由一名从全体教授中选出的"校长"进行管理，任期五年。

因此，尽管第三共和国改革的目的是让大学的学者们一致接受科学主义理想，通过趋同的概念、方法和目标来重建大学，但《富尔法》中的多学科合作概念本身就是一个目标，要通过建立适当的组织来实现。该法不仅创建了机构，而且建设了可见的物理场所：拥有中心服务设施的校园，可与学院和研究中心并驾齐驱的大学图书馆等。

第三，《富尔法》放弃了同行间的合议制运作机制。在19世纪的共和党改革者的心目中，大学首先是一个专业组织，其管理、决策和命运应完全由教授们决定。卡昂研讨会的组织者也大多持有这种理念[1]。另一方面，埃德加·富尔援引戴高乐主义的"参与"原则，申明大学不能只由学者管理，而是大学生活的所有主体都必须

---

[1] 1966年的卡昂研讨会呼吁建立一个由所有教师和学生组成的代表大会，但决策机构（大学相关机构名称由此而来）成员仅限于教师。

参与进来。因此,《富尔法》使某些在 1968 年的"五月运动"中由学生提出的诉求合法化了。大学将由学生、行政人员和所有教师(包括初级学者)共同管理。同时,也为身处机构之外却在大学环境中发挥重要作用的行为者,即所谓的利益相关者留出一定的位置。

这就是《富尔法》为法国大学的复兴所制定的框架。新生的机构将同时学习如何管理多学科以及如何共同参与,并逐步走向成熟。

第二节 一个缓慢的组织学习过程

根据《富尔法》的规定,大学的发展分为两个阶段。在最初的十年里,特别是在 20 世纪 70 年代初,管理机构是高度政治化的,不同团体之间因利益冲突难以达成共识。这种情况随后发展为以决策能力弱为特点的原子式管理模式。

一、早年的困难:政治化的陷阱

虽然《富尔法》颁布后的几年中对其研究的经验性资料不多,且接下来的分析看上去可能是归纳性的,但似乎可以说,新大学一经成立便发现自身面临两种张力。

首先是兴趣不同的学科并存。《富尔法》通过后形成的大学显然与埃德加·富尔所想象的多学科机构没有什么共同之处。政治分歧被证明是比整合所有知识的主题更有效的组织原则,它们往往导致每个大城市都会创建两到三所大学。这反过来又让人倾向于重建部分旧的学院，政治联盟也令之前未知的学科之间达成和解。事实上，新的大学超越了以前的学院框架，迫使不同的学科更明显地参与到集体管理中。从学科内的教师管理转为跨学科的大学管理，这本身就需要一定的专业知识，因此，大学的学者们也需要学习。但他们也必须放弃合议制的运作，允许其他类别的行为者，即令非同行也有发言权。这是矛盾的第二个来源。事实上，在此之前，所有教授都是学院理事会的成员，但自1968年以来，教授们要选出代表参加理事会。合议制正在让位于代议制民主，而代表们的代表性问题也变得很尖锐。

因此，《富尔法》迫使新大学要在利益不同的各方之间达成协议，这就必须克服学院类型的特殊性，以制定共同的准则，超越学科的堡垒，同时将新的行为者类别引入游戏中。

勒内·雷蒙（René Rémond）认为，这两个相互关联的要求使大学处于一种矛盾的境地，即必须首先通过大幅增加"部分"的数量来重新创造一个"整体"：如果要实现大学作为一个自治单位和整体的定位，即先于其部分并大于其部分，并能作为一个主要的决策中心维护权力，就必须更多地关注团结和统一的因素而非差异和分化。然而，为重建新大学而采取的程序，以及法律对选举代表和确保不同类别的人在管理机构中的代表权的规定，都与之相反……大学理事会处于权力等级的最高层，代表们主要关心的是维护他们所属类别的利益。（1979：51）

起初，不同团体之间的对抗占了上风，加剧了冲突。大学委员会演化成了表明立场、辩论和争论的场所，而非制定决策之地。勒内·雷蒙在讲述他任职巴黎第十大学校长的经历时，将大学管理与社会管理相提并论，将大学委员会比作议会而不是公司的董事会，这就不奇怪了。他用以对比的形象及其象征意义很有说服力，表明大学更像是一个充满演讲和无休止的讨论的世界，而非一个采取行动的世界。这种表现是20世纪70年代的法国大学中的主导趋势，大学的委员会经常被转化为代表大会，为追求特殊主义和小团体利益而进行的口舌之争战胜了寻求一致的解决方案和调和分歧。许多关于这一时期大学校园事件的新闻报道——偶尔也有暴力事件，以及某些大学校长对其经历的描述（Merlin，1980；Rémond，1979）证明了治理大学是多么困难[1]。"在1970年管理一个大学集体，会突然发现自己面对的问题在普通的日常生活中是被遮蔽的，但在这里却以最激进的方式被提出：在暴力或秩序之间做出简单的选择，发现潜藏在所有人类群体中的攻击性，认识到民主不是自然赋予的，而是通过理性和意志构建的。"（1979：11-12）

二、20世纪80年代：失范与集体行动的低能

在这些充满动荡的开端之后，通过《富尔法》所创建的大学在20世纪80年代表现出不同的面貌。这些新机构所呈现的突出特点并非政治冲突或工会冲突，也非口头或身体暴力，而是一种失范。

---

[1] 然而，所引用的案例涉及高度特殊的机构。勒内·雷蒙的著作中引用的是巴黎第十大学，即南泰尔大学，皮埃尔·梅兰（Pierre Merlin）的著作中引用的是巴黎第八大学（即樊尚大学）。

代表不同政治立场或工会计划的不同地位的团体坐在同一张桌子旁现在已成为一种常规做法。这种情况也无法释放出更多(或更少)的激情。虽然政治和工会冲突继续围绕大学委员会选举进行——这主要是因为显示团体成员的身份仍然很重要,但决策机构在日常运作中对这些分歧已经变得相当麻木了。

然而,为恢复这种平静却付出了相当大的代价。遵守游戏规则对大学机构的运作、领导力和大学的治理等都产生了一些影响,可总结概括为:不决策,不干预,顺其自然。这些是我在20世纪80年代前半期进行的研究的基础上得出的结论,下面我将以相当简短的语言介绍这些结果。[1]

1. 机构的功能:不做决策的舒适性

在所有国家,大学都是在众多会议的基础上运作的。尽管学术界认为理事会和委员会是一种必要之恶,它们的存在可限制个人专权,使不同的利益得以代表,并使表达不同意见成为可能,但他们仍抨击理事会耗费时间,其开展的讨论经常陷入困境,没有后续行动跟进从一个会议到另一个会议所做出的决定,等等。这样的批评很常见,但法国学者在20世纪80年代对法国大学决策机构的批评则更进一步。不在机构中的学术界人士的观点高度一致,他们蔑视这些机构的工作,特别是大学理事会和教育与研究单位委员会的工

---

[1] 更详细的介绍可详见我1987年的研究以及与弗里德贝格在1989年的研究发表。应该说明的是,这些实证研究是在1984年和1985年进行的,即在《萨瓦里法》有效实施之前。

作。他们的批评不仅限于这些机构的工作，还包括这些机构成员的素质。这些成员被质疑没有更好的事情可做，也没有认真从事学术研究。

就理事会的成员而言，他们对这项任务没有做出强烈的承诺。对他们而言，出席会议以维护自己的利益似乎比为集体决策做贡献更重要。他们很少花时间准备会议，即使提前收到会议的相关文件，也很少阅读。

成员们的低投入与机构的非冲突性特点相辅相成[1]。总的来说，冲突很少发生，一旦出现分歧，灵活的联盟就会形成，而在问题解决后这些联盟又会解体。政治权力与工会的对立、地位的对立（副教授与全职教授）、学科间的敌意或不同职位类别的同事（行政人员与学术人员）的冲突等并未使权力平衡稳定下来。事实上，这些机构所呈现出的主要特点是漠不关心。内部的反对意见和纯粹的政治辩论不再那么强烈，但这并没有使集体协议的达成变得更容易。相反，这些机构的决策能力似乎明显偏低，似乎已经退缩到不做决定的舒适状态。具体而言，占主导地位的有两种决策模式。

第一种是不加修改地延续其他地方已经决定好的安排。这种模式多出现于两种情况下：其一，由个别学者提出建议（例如与课程相关的建议），然后由不同的委员会（系委员会［如果有］，UER委员会，大学委员会）连续审议批准。与（该领域或学科的）学者

---

1 艾拉·诺伊泽尔（Aylâ Neusel）与卡罗拉·贝克梅尔（Carola Beckmeier）关于教育课程发展的研究显示了不同的规避冲突策略（1991: 140-141）。

直接相关的集体选择，往往通过不同的程序阶段传递上去，但结果并未发生改变。抑或，在几个竞争性方案被提交上去后，却没有做出任何选择。其二，则涉及一个自上而下的过程。例如，在决定如何在不同的 UER 之间分配资金时，大学委员会所采用的标准与教育部决定每所大学的预算分配的标准完全相同。

第二种模式是往往根本没有做出决定，特别是当决策机构本身应该产生或做出选择，或者对不同的建议进行排序时。相反，这一责任留给了最高决策层——教育部。许多大学从未对所要求的新职位的优先次序进行排序，而是让教育部来决定。例如，大学是更迫切需要设立一个历史学教职还是哲学教职。

我所研究的大学管理机构显然已成功地将 20 世纪 70 年代的动荡抛在脑后，但由此产生的平静与对其角色的淡化并存，不干预似乎是为和平付出的代价。

2. 大学领导者的角色被抹去

另一种失范的迹象则反映在大学领导者的低调的角色上。他们并没有通过发挥更强的领导作用来弥补决策机构的弱点。校长、UER 主任都认为他们首要且最重要的角色是群体的代表，其主要履行两种职能：对内负责调解和对外代表其机构（UER 或大学）的利益。这意味着指导和中间人的补充功能（UER 主任在校长和教师之间传递信息，大学校长在教育部和 UER 之间传递信息）被忽视了。

指派校长的模式，加上不可连任的五年任期使校长们的干预企图与管理大学事务的热情受到压抑。对于 UER 主任而言，情况亦是如此。虽然原则上他们可以连续当选两届，但没有多少教授愿意连任；而且，卸任后，他们将再次成为"与他人一样的教师中的一员"，这对他们的工作热情有一定的抑制作用。这意味着，无论是校长还是 UER 主任，实际上都没有真正行使权力。虽然法律和法规赋予他们一些特权，但在实践中很难使用。除了应对一些危机（Musselin, 1987）外，大学里几乎没有任何强有力的领导，特别是 1968 年改革后设立的大学负责人，更是如此。虽然他们由更广泛的群体选举产生，但并不像以前的学院主任那样具有强大的合法性。这原本是一种区分形式，在某种程度上是一种令学者认可的举措，现在却变成了一种任务，一种由部分人接受为群体利益发声的暂时性任务。

大学领导人也因此发现自身处于弱势地位，而 1968 年的法律中固有的模糊性（1984 年的法律也没有消除这种模糊性）加剧了这种情况。该法律规定了两种可能的管理结构，一种是以校长—UER 主任为轴心，将委员会的作用降到最低，削弱大学决策的审议基础；另一种是以校长—委员会为轴心，将不是由大学委员会选出的 UER 主任边缘化。

3. 薄弱的大学管理

委员会薄弱的决策能力，UER 主任和校长温和的领导力，大大削弱了法国大学的自我管理能力。学者们并未感觉到对需由群体参与制定的机构战略计划有任何义务。他们所属的世界、构成他们参考框架的世界仍然是他们的学科。此外，不存在任何机制，无论是等级式的、参与式的、合议式的还是官僚式的，能将个别学者提出的建议提交给决策委员会，进而成为全校性的项目，也就是说，该提议被大学公开承认并被视为优先事项。最后，大学没有充分利用其可操控的空间，即法律所规定的自治区域。每所大学都可以确定自己的偏好并制定自身的政策，而不是拒绝对新职位的申请进行优先排序，将相互竞争的课程项目认证申请不加选择地转交给教育部，在严格遵守 GARACES 规范下在 UER 之间分配运营资金[1]。但它们没有这样做。从外部来看，法国大学似乎不够成熟，给那些不能充分利用已有的自主权的大学学者更大的自主权似乎没有意义。

三、以大学及其结构为重点的改革

批评者指出了大学遇到的困难，并得出了相同的结论。《富尔法》中的制度设计难以令人满意，必须加以改变。这一诊断也催生了几次改革方案，都集中在大学和大学结构上，而且其中一些方案被采纳了。20 世纪 70 年代中期，《索瓦热法》（loi Sauvage）改变了大学管理机构的组成，给予正式教授的意见更多的权重，其明确的目的是强化教授的权力和削弱政治化。《索瓦热法》引起了许多的批判，特别是引起了那些认为《富尔法》未能引入足够的民主并

---

[1] 20 世纪 70 年代中期，教育部决定使预算资金在不同大学之间的分配过程更加透明。一套被称为 GARACES 的分配标准被制定出来（参考关于高等教育活动和费用的分析和研究小组）。各大学没有义务在其 UFR 之间分配资金时采用相同的标准，但大多数大学都这样做了。

赞成更多人参与的人的不满。这些人主要是左派学者，他们的批判导致这部法律在 1981 年社会党上台后被废除。在《萨瓦里法》的起草过程中，这群人也发挥了强大的影响力。从大学运作方面来看，《萨瓦里法》可被视为《富尔法》的直接延续。《萨瓦里法》增加了决策机构的数量和规模。经过三年的咨询、讨论和辩论，《萨瓦里法》终于在 1984 年 1 月获得通过。但某些大学拒绝执行该法，而且，在 1986 年，当右派控制了立法机构和政府，开启了法国第一个"共同执政"时期时，该法仍未在所有大学实施。拒绝实施的理由之一是，委员会数量的增加及其规模的扩大只会使决策机构的运作更不顺利、更沉重。

1986 年，社会党总统弗朗索瓦·密特朗（François Mitterrand）任命雅克·希拉克（Jacques Chirac）为总理后，起草了拟议的《德瓦凯法》（loi Devaquet）。考虑到这些论点，规定减少了大学委员会的数量并改变了其组成。如果不是马利克·乌塞金（Malik Oussekine）在学生示威中的死亡使得该法案被放弃，法规肯定会再次被重写。拟议法律的突然撤销促使社会党总理米歇尔·罗卡尔（Michel Rocard）在两年后将《萨瓦里法》强加于所有大学，尽管这样做的时候他并不热心。

从快速的回顾中可以看出，这一系列持续的改革都紧紧遵循着同样的逻辑。大学的运作机制不完善（过于政治化/异化）是决策机构的不良运作（不够民主/参与性太强）造成的，因此，这些机构必须进行改革（减少/增加数量，以不同方式组成，以不同方式选举，等等）。所有的改革都集中在大学的组织结构上，没有人提及这些组织应融入的更大的环境。没有一项改革——《富尔法》《索瓦热法》《萨瓦里法》或拟议的《德瓦凯法》——能触及国家—行会的双重集权现实或标准化的国家体系。它们并没有像1896年的法律那样打破拿破仑式的安排。

第三节 全系统的惰性

因此，《富尔法》是具有两面性的。不可否认的是，当代法国大学是由《富尔法》创立的，该法为大学系统带来了一个新的角色。正如普罗斯特所强调的，"1968年的改革带来了……一个决定性的变化：它将学院的框架分解成两个新的实体，即比学院更窄的UER和比它们更宽的大学"。（1992：137）然而，这一创始行为是在大学系统内进行的，其结构没有被1968年以前的改革所改变，也不会被《富尔法》所改变。

一、维持双重集权和国家公共模式

众所周知，《富尔法》在大学生入学大潮结束时才生效，这一浪潮在20世纪50年代末开始形成，在60年代达到顶峰。皮埃尔·萨尔蒙的研究（1982）显示，从1958—1959学年到1968—1969学年，法国大学的入学人数增加了205%（从192,128人升至586,466人），而在非大学机构就读的人数"仅"增加了110%（从67672人到142,334人）。然而，在1970—1988年，年增长率恢复到了每年 2%—4% 的较正常速度。[1]

学生人数的增加并不是一个可控的现象，越来越多的 Bac 学位持有者进入大学，与其说是刻意的选择，不如说是 1945 年后小学和中学改革的"机械"式结果。此外，高等教育的大众化也影响到了自 19 世纪末以来几乎没有变化的学院结构。20 世纪 50—60 年代的改革主要包括课程修改方案——特别是医学（Jamous，1969）——以及创建新的学位。1954 年，在理学领域设立了一个新的博士学位，即第三学段论文；1958 年，该学位在人文领域创建。当时的政治当局也意识到因中学生人数的增加所带来的 Bac 学位持有者的增加，以及这种发展对高等教育受教育人数的影响，但并未采取任何措施来调整学院结构或其课程方案。标准化的、全国性的公立大学系统在 20 世纪 50 年代中期有 16 万名在校生，在接下来的十五年里将不得不接收相当于这一总量的四倍的学生，然而大学根本没有为这种变化做好准备。在全国范围内，无论学生人数有多少，都保持相同的课程方案，这一做法却无人质疑。与之相反，1966 年的富歇改革反映了一个不可动摇的信念，那就是为每个学科设计一个单一课程的可能性。此外，面对一个规模即将扩大两倍的大学系统，资金与预算如何安排也没有展开讨论。尽管当时令人乐观的经济前景在很大程度上解释了这一点，但令人惊讶的是，就高等教育是否应该保持几乎免费以及高等教育是否应该只依靠公共资金等问题，人们没有展开相应的讨论。

---

[1] 数字源于国家教育部 SEIS（Service des Études Informatiques et Statistiques，信息技术和统计部）文件和米约（Millot）和奥里维尔（Orivel）在 1976 年的论文。

在学生人数大幅增加的前景下，上面提到的法国大学体系的两个基本组成部分都没有引起任何讨论。只有第三个基本组成部分被辩论过，即非选拔性招生机制，而且这个原则几乎被放弃了。在普罗斯特1992年对第五共和国初期高等教育政策的研究中，他解释道，持有Bac学位的人数的增加会导致学生人数的大量增加，这一前景确实困扰着戴高乐。为削弱这种影响，他考虑了两个方案：其一，将Bac学位考试变成竞争性考试，以限制获得学位的学生名额；其二，使大学招生具有选拔性。然而，这些想法当时都未获批准。在教育部经历了七年的争论之后，第二个方案终于在1968年初通过。然而，它被5月发生的事件所湮没[1]。

因此，法国的高等教育通过在更大范围内复制学院共和国而得到了发展。在5月的抗议活动之后，《富尔法》确实废除了学院，但并未修改前面提到的大学系统的三个因素，也没有解决教育系统的集中化问题。虽然法律规定了大学有财政预算自主权，并建议对运营成本进行一次性拨款和对支出进行事后监督，但仍然保持了国家的独家资助，这使得教育部很容易"忘记"其他新原则，继续对大学进行相同的预算控制。

《富尔法》规定了教学自主权，允许各大学设立学位[2]。然而，由于国家学位没有被废除，大学的学位发展空间仍较小。学生们仍

---

[1] 即使这项措施没有被废除，它也会在"战后"（1968年5月的学生运动之后）到来，因为大学生数量的急剧增加已经过去了。

[2] "首先必须明确，每所大学都应有权创建自己的学位（即未经教育部认可的学位），并按其认为合适的方式组织这些学位，只要它们不是让人进入某些职业或影响全国性、竞争性职业入学考试的国家学位。"（Faure, 1969：92）

然喜欢国家承认的学位，因此大学的主要活动仍然是授予国家学位，教育部没有采取任何行动退出对这一关键领域的管理和监督。至于选拔性招生机制，法律则明确排除了这种做法。在1968年秋天的一次演讲中，埃德加·富尔抨击这一想法是"对过时的文化概念的庇护"，从而在未来的很长一段时间内阻止了戴高乐控制高等教育入学人数的计划。最后，除了建立一个高度专业化的中央行会权力机构外，学术职业的管理模式并未改变，这一点将在下文解释。

《富尔法》以及之后颁布的法律的首要目的是改革大学，没有提及有关教育部或大学行会的改革，仍按照原来的规则运作，仿佛《富尔法》（抑或之后的《萨瓦里法》）并不存在。特别是，教育部对于依据1968年的法律所创建的大学继续选择无视。

二、教育部监管听取学科的意见

中央政府忽视了新大学的诞生，这一点在其两种运作模式中表现明显。首先，这些新机构的存在并没有反映在部委的重组中；其次，在负责高等教育的部委中，学院逻辑的影响仍然很强大。

1. 中央行政机构的重组

组织社会学家经常证明组织结构图所规定的运作模式与组织实际的运作方式之间存在差异，如果我们感兴趣的是内部权力结构和组织游戏，显然不应该过分关注组织结构图；如果我们试图从构成这些正式描述的分支层次中解读集体行动的"具体现实"，其预测价值就会很低。然而，我们也不能无视它们所呈现的象征性内容。

"阅读"20世纪60年代初到80年代末的各种版本的法国中央行政机构名录，会有很强的启发性。它显示，1968年的法律没有给中央行政机构的组织模式带来任何变化。新的大学没有以任何方式被纳入连续的行政组织图中。我们在上一章看到，1961年，大学教育是高等教育局（DESUP）的专属领域，其组织结构下设三个子部门，分别负责人事、设备和会计、学习项目。在五年没有发生任何重大变化后[1]，高等教育局于1966年进行了全面重组，纳入了一个新的等级梯队，即"服务部门"，其位置仅在次级部门之上。此外，高等教育局所承担的三项基本任务被赋予了更多内容，包括设立一个协调高等教育局各办公室共同事务的分支（办公室是最小的行政单位），令会计本身成为一个"服务"部门，并设立了一个"高等技术教育和培训服务"部门。然而，推进部级组织架构转型以适应1968年的法律所带来的改革的努力却未留下任何痕迹。在20世纪70年代，组织扩张的进程仍在继续。1975年设立了"大学国务秘书"（仅次于教育部长），1979年成立了专门负责大学的部，涉及的主要任务领域的部门都获得了"局"的地位（部下设一级部门）。1981—1994年[2]，组织结构图保持不变：一个局负责教育（包括大

---

1 1965年，成立了学校和大学学区发展规划处（Service du Plan Scolaire et Universitaire），这是行政目录中首次出现大学学区规划的概念。
2 1994—1997年，中央行政部门被组织成几个首要的局，被称为总行政部门。高等教育总局（DGES）负责教育培训和机构管理（教育部与各大学之间的四年期合同，以及建筑施工）。人力资源管理和财政事务总局（DAG）负责人事和预算手段。教育部负责所有的公共研究，因此大学研究被纳入了研究与技术总局（DGRT）。

第三章 学科监督下的大学

学和技术教育、全日制和继续教育），一个局负责大学研究[1]，一个局负责学术和技术人员管理，一个局负责预算资金。

如果我们仔细观察会发现什么？随着每个主要任务领域的发展，它的组织结构调整是这样的：一方面，区分具有特定地位的高等教育机构；另一方面，区分大学（或学院），并在后者中区分学科系列（在学习课程管理方面，学科标准有时被教育周期的划分所取代）。这意味着，随着结构图的扩大，组织被进一步分割，这反过来又增加了协调成本，因为没有横向整合，未形成将基于学科的方法与基于项目、学区或机构的方法相结合的矩阵结构。协调只能是垂直的、集中的和脆弱的，远在各行政办公室之外，而办公室才是真正的运作单位。这种协调受到各办公室与教育部之外的合作伙伴之间的非正式关系的限制。与弗朗索瓦·迪皮伊（François Dupuy）和让-克洛德·托尼格（Jean-Claude Thoenig）（1983）所提出的关于法国行政管理的一个基本特征相一致，每个办公室都更重视与它逻辑上可以接触到的"环境"部分保持关系（一些部门关注大学的工作人员服务，另一些关注学习项目的负责人，还有一些关注地方的会计服务等），而不是发展部内办公室间的合作。

最后，对主要任务领域的划分、对机构地位的细分，以及对学科或教育周期的细分等都消解了大学的概念，阻碍了对这些机构及其专长的了解。这并不奇怪，这就是1968年以前的情况，正如所解释的那样，大学在当时不过是一个行政梯队，而学院才是教育部寻

---

[1] 这一任务领域的发展比其他三个领域晚，直到1968年才设立了大学研究办公室。

找对话者——院长——的相关级别。更令人惊讶的是，这种情况在《富尔法》实施之后继续存在。1970—1975年发生了什么？事实上，教育部长奥利维耶·吉夏尔（Olivier Guichard）策划的部委重组导致了大学机构的急剧分化和对权力更大的稀释：大部分高等教育的任务被划分到各个局，这些部门所负责的领域则延伸到整个教育系统，覆盖了从幼儿园到（相当于）研究生院。因此，大学学区与教育学区管理都交给了展望与规划局，高等教育人员管理成为国民教育部人事局的一项业务。在秘书处创建后，又设立了一个正式的大学部，这至少将所有的高等教育服务都集中在一个实体内，但分散的现象仍然很明显。最重要的是，没有一个局或办公室能对每个高等教育机构形成一个综合的印象。换句话说，教育部监管的正式组织架构意味着，对根据《富尔法》创建的大学而言，只有一个对话者可以同时处理有关预算、教学、人事和研究事务的问题，那就是国务秘书或部长本人。左派在1981年执政后所做的重新安排根本没有改变这种状况。中央行政部门的分裂，就如同行政部门的组织结构图中没有大学一样，这一点在（我与埃拉尔·弗里德贝格）1987年对教育部相关人员的调查研究中已得到充分证实。事实上，这项研究显示了教育部对大学机构的重视程度之低[1]，以及学科与学科专家的无处不在[2]。

---

1 鉴于我们在同一时间对德国监管机构进行了相同的研究，这让我们觉得更加不同寻常。我们发现了"大学通讯人"的存在，以及他们各自在大学与教育部同事之间发挥的重要联系作用。

2 关于调查结果的更详细的介绍，见Friedberg et Musselin, 1993。

2. 学科对决策过程的影响

除了纯粹的监管活动,教育部的主要部门还通过四个主要领域的决策来管理大学：对授予国家学位的学习课程进行认证、预编预算的运营资金分配、教学岗位的分配以及大学研究经费的分拨。其中,分配大学研究经费是单独管理的[1],而其他三个领域则是紧密相连的,都集中在一个关键的环节：对授予国家学位的学习项目进行认证。关于是否分配补充资金的决定,取决于是否保留学习项目或是否创建新项目。认证程序在教育部内的重要性体现在部门间的关系集中在这些认证环节上,以及负责管理这一程序的高等教育局（DESUP）的强势地位。1987年的认证是如何开展的？是在严格的学科基础上进行管理的。这意味着,每隔四年,负责人文科学的办公室就必须决定是否更新社会学本科教育中的每一个现有的课程项目,并审查所有创建新项目的申请。这些课程是由以人文学科为主的大学还是由多学科的大学提供,其是否与机构的战略有关,抑或只是个人项目的体现,这些对决策几乎没有影响。[2] 审查的主要标准是课程的教学和学术的内在相关性,而这种相关性是以它是否符合最低限度的强制性国家标准以及它的内容是否与相关学科领域的学术要求密切相关来评估的。事实上,计算预算是受到以学科为中心的逻辑的双重影响的。首先,运营预算的计算主要基于认

---

1 例如,在决定是否向一个大学研究小组拨款时,没有必要熟悉运营预算；反之,为一个研究小组拨款对运营预算分配的总金额没有影响。
2 我在此坚持认为,对提供这些学习项目的大学的情况没有相关的标准要求。应该补充的是,这些项目所提供的职业机会并不是一个歧视性因素。

证决定；其次，计算模式是基于规范（平均成本、每个学习项目的学生人数等）同时考虑了学科差异（例如，法律专业学生和理科专业学生的预期成本和学术指导程度不同）的。

教育部对大学专家所提供的系统性咨询的依赖，强化了学科对决策过程的影响。每个案例都由相关学科的专家审查，最重要的是，决策往往是根据专家的建议做出的。此外，职位的设立以及大学研究资助项目评估等也经常会咨询专家的意见。在这方面，专家的建议也经常被采纳。因此，我们得出的研究结论是中央行政部门的工作实际上是由行会来监督的，部委在决策时行会组织比行政组织的力量更加强大（Friedberg et Musselin, 1993）。

由中央行政部门和大学学者共同管理的制度存在可见度低和缺乏合法性的问题。首先，专家的行动实际上是不可见的。在行政部门的名录中，没有任何关于谁是学术委员会成员的线索；在组织结构图中，只有负责人（通常是物理学家）和他/她的副手（通常是历史学家）的名字。最重要的是，人们不知道这些专家积极参与了部委的决策，他们的建议在很大程度上被行政部门所采纳这一事实也没有被公开。因此，人们普遍认为专家的建议是次要的，行政人员只是遵循自己的意愿和乐趣。其次，当专家们的作用为人所知时，往往又会引起争议，因为专家们既不被认为是他们所提建议领域的"代表"，也不被认为是没有争议的学者。他们既不享有选举的合法性，也不享有学术的合法性。他们是由教育部长任命的，随着政治权力的交替会发生改变——在某些情况下会随着部长的更换而改变，这意味着他们的建议会被质疑。具体来说，他们经常被怀疑有政治方面或意识形态方面的偏见,即使他们已经有很好的学术声誉了。

就像在学院共和国时期一样,监管是由行政部门和大学行会联合管理的[1],在资金分配的选择中,大学行会的专业知识比行政部门更重要。行会主义的联合管理的合法性不足,极大地影响了教育部的干预模式,强化了对学科特性的系统关注,同时,也因专家的建议往往仅涉及学科而非大学机构而加剧了大学的边缘化。

虽然1968年的法律废除了学院,但中央行政部门的管理显然仍忠于之前盛行的以学院为基础的组织模式。

三、加强职业纵向管理和行会集中化

不可否认,法国的学术职业在20世纪60年代经历了深刻的变化。首先,也是最重要的,人数的增长影响了既定的地位平衡、年龄金字塔趋势(变得更加"年轻"化)以及社交能力和熟人网络。

---

[1] 事实上,中央行政部门的主管往往本身就是学者,这在19世纪末已经很常见。夏尔解释说:"在几次竞选学术职位失败后,他们的职业发展受阻,某些来自外省的教授在公共教学部的高层寻求职位空缺……这至少部分解释了为何高等教育师范学校曾经的文学教师(基本上来自巴黎以外的院系)在该机构的高层管理中占有过高的比例。大多数高等教育和中等教育的校长,甚至一些小学的校长,都来自这个群体。"(Charle,1994:237),考拉迪展示了另一种类型的联合管理,他解释说,在朱尔-费里离开后,"行政部门通过委员会甚至用调查的方式定期咨询教师,这使得他们有可能参与所有影响他们的重要决定"。(1986b:331)贝特朗·吉罗·德·艾因(Bertrand Girod de l'Ain)(1989)也强调了大学行会对国家的普遍影响。

此外，巴黎的教授和学院院长（通常被称为"官"）的主要影响力受到严重动摇，一方面是因为旧的学院被废除，另一方面则是因为20世纪60年代以后在巴黎以外的省所建立的被公认的研究中心越来越多了。

我们不否认这些改变，然而，《富尔法》和随后出台的法律实际上并没有引起对雇用模式或晋升模式的重新思考，也没有重新塑造引导整个行业的角色。但是，这并不意味着没有采取任何措施。相反地，我们注意到1968年后的监管活动非常密集，但中央行政部门和学术界之间的角色分配仍然是完全相同的。没有给大学留出空间，学术职业管理仍然是集中的、垂直的，是独立于大学的。

这个行业的规模（编入预算的学术职位的数量）、内容（各学科的相对权重）、内部结构（在地位类别方面）、准入规则的确定，所有这些今天仍然掌握在国家政府手中，而当局又必须与行会达成协议。"二战"结束以来存在的责任分工得以延续，并保持了共治的特点。有关学术职位的决定仍然是与行业"代表"（无论是否选举产生）共同做出的。设立职位的建议由部里挑选的学术专家进行审查，只有在与教师工会和各种类别的协会协商后，才能改变职业地位制度等。

在本研究所关注的时期有很多联合管理的机会，尤其是当教学岗位成为中央行政部门的一个主要焦点之后。学院共和制的一个影响是，在职业和地位管理问题上突出了学院之间的差异。学生的涌入带来了教师人数的增加，加剧了这种状况。教师职位成倍增长，并产生了一个新的群体，即通过各种固定合同聘用的教师——他们从一个合同续签到下一个合同，形成了一个"永久临时工作人员"的群体，并产生了两个主要后果。

第一，从20世纪70年代末开始，这些合同制员工中的许多人获得了终身教职。这一举措是在学生增长率放缓后得以实施的。在80年代前半期，它阻碍了新学者的聘用，同时加剧了晋升问题，有时还会允许那些通过常规程序遴选很可能不会被选中的教师进入学术职业。这使得雇用临时学术人员更加困难，从而难以适应日益增加的教学和研究工作。在这一拨教师获得终身教职后，为防止类似的情况出现，所有的新合同职位只能更新有限的次数[1]。

第二，努力简化各学科的地位并使之协调发展。法律、人文学科和理学获得了相同的专业地位（医学是个例外），但法律、政治学、经济学和商业管理保留了自己学科晋升教授职位的方式：高等资格证书。

值得注意的是，所有这些变化都是通过国家当局和学术行业之间的谈判决定的，大学和大学校长只发挥了边缘作用[2]。如果考虑到对学术聘用程序的多次改革，大学被排除在外的情况也同样令人震惊。

---

1 例如，各种研究奖学金职位（针对博士生）和教学与研究的临时职位（ATER，主要针对正在写论文的最后一年的博士生和年轻的博士）现在都是临时职位，只能续签一次。这一条款也使法国出现了美国和德国初级学术工作市场所特有的"晋升或出局"的情况。关于"晋升或出局"，见 Kahn et Huberman, 1988; O'Flaherty et Siow, 1995; Siow, 1995。

2 在这一时期，大学及其校长进行重大干预的唯一领域是关于新职位的谈判。当大学委员会拒绝（或无法管理）提供关于职位设置要求的优先排序时，校长可以在与教育部的年度谈判中表明自己的偏好。

制定合格候选人名单的程序——由大学咨询委员会决定哪些候选人有资格担任副教授和全职教授的职位，并由地方教师委员会从该名单中选择一个候选人，已被证实出现了问题：随着教师人数的增加，合格名单变得越来越长，候选人的资历已成为决定性的选择标准。1979年，政府决定在学科中取消这些已存在的名单，这一举措加强了国家对地方的控制。教学与研究单位（UER）的专家委员会被要求审查申请文件，按优先顺序最多列出五名候选人，并将他们的排名发送给新的国家大学委员会（CNU）中相应的国家学科委员会，后者可以批准、修改或拒绝该名单。因此，国家学科委员会拥有最后的决定权，成为审查员。1984年的《萨瓦里法》重新定义了学术职业的构成[1]，从而扭转了这一程序[2]，但只持续了两年，直到1986年右派赢得了立法选举和行政权力后法律才再次被修改，最终决定权还是回到了国家大学委员会的相关部门手中。

这种监管的不稳定性与其他国家职业管理规则的稳定性形成了鲜明对比，这可能是为了控制候选人的流动，避免遭遇瓶颈等。但是，这也是教育部和某些行会代表之间存在联系的征兆。实际上，几乎所有的事情都取决于哪个大学的学者能得到部委的支持。如果反对官方权力，他们就会建议加强大学专家委员会的权力并

---

1 经过漫长而激烈的辩论，创建一个由各种具备永久身份资格的教师组成的单一机构的建议被放弃了。因此，自1984年以来，学术职业一直由两个团体组成，即副教授和教授。第三种，即助理，正在消亡。
2 所有空缺职位的候选人申请都会被送到国家学科委员会，然后委员会确定一份含三个候选人的名单，并将其送到专家委员会，然后委员会可以从这三个人中选择。因此，地方委员会拥有一种"有限的自主权"。

进一步下放决策权；如果反对地方主义[1]带来的危险，他们就会试图强化中央权力，声称只有这样才能保证在实现学术卓越方面取得进展。

最后，尽管教育部并不直接干预学术人员的雇用和晋升[2]，但它对国家权威学科部门的组成曾经并仍然发挥着"监管"作用：三分之二的部门成员由行业选举产生，其余三分之一由教育部任命。尽管教育部本身并不决定可能被任命者的名单——这主要依靠"学术专家"，但其任命可辅助纠正由选举结果引起的代表权的不平衡：如果一个领域在很多大学都普遍存在却没有当选的代表，教育部的任命可以对此进行弥补。可以理解的是，教育部的任命也会影响政治方面的平衡，因为经常会出现对政府有利的人物（Ellrodt, 1992: 227）获得提名，他们即使不是公开的支持者，也是众所周知的。在教育部的任命中，很难区分政治和学术标准[3]。

所有这些都表明，1968年后的职业管理仍掌握在教育部和大学行会的手中，大学机构获得的决策权是最少的。当然，大学委员会有资格审查大学专家委员会提出的候选人名单，但在这里，不做

---

1 这个词指的是有利于"内部"候选人而非外部人员雇用的做法。
2 当大学一级的委员会和国家大学委员会意见相左时，教育部会进行决策。但相对于招聘总数而言，这种情况较为罕见。
3 应该指出的是，当选的成员（特别是副教授）也不是以纯粹的学术为基础的。国家大学委员会（CNU）的选举是以选举项目为基础（而不是"研究和发表"），或者以教师工会的名单为基础进行的。这就造成了CNU成员的任务性质的模糊性，这也是法国国家科学研究中心委员会成员的一个特点（Vilkas, 1996）。

决定似乎是普遍的做法，大学通常只是批准学科专家的决定。换句话说，废除"合格候选人名单"最终导致减少了各院系所享有的选择自由，这种状况对中央当局有利，却无法使由《富尔法》在"纸面上"创建的大学成为有影响力的过程参与者。

因此，自从拿破仑建立了一个单一的、集中的、拥有学科结构的行会以来，巴黎的教育部和大学行会共同管理大学事务一直是法国大学系统的一个常态。无论是第三共和国时期大学的行政重建，还是1968年后立法废除学院、建设具有更强决策能力机构的多学科大学，都无法动摇或削弱这一基本特征。

国家和行会中心之间的联盟，意味着教育部有义务满足大学行会代表的要求。有许多类型的代表（工会、学科、类别、地位）和要求拥有"代表"头衔的人，他们却没有一个是完全合法的，也就是说，没有一个是被所有法国学者，甚至大多数学者所承认的，这种状况导致已有的限制更加沉重。教育部与大学行会的"联盟"也解释了为什么不可能出现中间层，而这些中间层可能会在由学科和子学科构成的垂直的、集中的支柱之间发展出横向合作的形式。从1808年到20世纪80年代末，院系结构始终"领先"于大学。尽管有了《富尔法》，大学仍然是弱小的机构，很难在行会和教育部之间找到自己的位置，也无法发展出足够强大的治理模式，以"自治机构"的逻辑来对抗"院系"的逻辑。最后，这种联盟采取了部级指导的方式，优先考虑学科特点和特殊性，即使在立法上重新创建了大学，但大学的存在仍被否认。因此，中央政府的干预模式排除了大学发展成为强大机构的可能。

第三章 学科监督下的大学

法国大学系统的另一个强有力的组成部分，是构建一个全国性系统的意愿。在理想情况下，在全法实现机构、课程的复制，甚至是教师的标准化。

这两个不变的因素，以及其在教育部、大学和行会之间催生的关系类型，与它们在这些集体行为者中的运作模式，呈现出法国大学教育从帝国大学时代到最近发展形成的特殊结构的特征。这些特点的持久性或稳定性值得研究。我曾试图解释为什么在拿破仑之后所开展的雄心勃勃的改革只产生了有限的影响，一个反复出现的原因是，改革的重点是大学结构的改革，而没有对以学科为中心的逻辑、教育部—大学行会联合管理和标准化的国家模式提出质疑。但还有其他因素在起作用，我们将在下一部分看到，这些原因使我们能够解释为什么在20世纪的最后十年，变革最终能够发生。

第二部分

大学的时代

过去的十几年标志着与学院共和国及其过渡时期的空前决裂。最近开展的所有实证研究表明了新的变化是多么巨大。与所有的预期相反，法国大学已经成为可能。20世纪80年代初的原子式无领导力机构已经发展了其决策能力，选出了有作为的校长和校长团队，并强化了对机构的集体认同。

这些转变并不仅体现在大学层面，教育部的监管模式也发生了相应的变化。虽然学院逻辑和国家——行会的联合管理并没有消失，但它们现在要与新的管理模式展开竞争。在新的模式下将纯粹的学科参考整合到大学的全面政策制定之中。

将大学机构置于中心位置并采用更多的谈判程序，有效地鼓励了机构多样性的发展，同时让人开始质疑是否真的应该维持一个完全由国家资助并由上级管理的国家公共系统。

上述三个变化中没有一个标志着与过去的绝对决裂。集中化、标准化的模式已经被大学教育的日益多样化所动摇，但并没有消失。同样地，教育部在其干预模式和政策中也"承认"了大学，但这并不意味着它不再考虑各学科。最后，大学已经变得专业化了，其决策也更加集体化，但因为变革的阻力仍然很大，大学所能实现的往往与原意还相去甚远。总而言之，尽管方向上有了很大的改变，但还不是一个转折点。

以下三章将讲述这一转变的历史及其后果。

第四章
集中化、统一性、平等主义模式的不稳定

　　法国大学教育标准化的动力始于旧时期，在拿破仑的帝国大学时期达到了顶峰，在学院共和国时期勇敢地坚持了下来，从理论上确保了可以在整个法国领土上开展相同的大学教育。这一动力是由平等主义原则推动的，即必须保障在法国不同地点注册同一学位教育的学生的学习课程具有严格的等同性，保障具有相同官方地位的机构和具有相同专业地位的教师的严格等同性。统一性、平等原则在具体的措施中得到了体现，这些措施保证了所有人进入大学的规则相同、注册费用相同、大学学位的国家效力相同，等等。学院共和国时期的学习课程设置呈现出了强烈的同质性，这解释了对这种单一模式的坚定尊重：为数量有限、职业选择有限的学生提供高度标准化的、非多样化的课程。

然而，20 世纪 60 年代学生人数的急剧增加[1]使法国大学教育的规模在 1958—1968 年扩大了两倍，年增长率达到惊人的 11%—18%。1970—1987 年，大学持续增长，尽管这期间的增长率要温和得多——2%—4%。累积的效果是，1968—1987 年，学生人数增加了 1.65 倍。[2]这时，迎来了第二波新的大规模增长[3]，而这波增长潮在 20 世纪 90 年代中期消退了[4]。乍一看，这种显著的数量增长似乎对统一性、平等原则没有什么影响。在法国的大学教育中，这两项原则依然存在，而且是合法的。但在过去的三十年里，这些原则和法国大学的现实之间的差异已经扩大化了，这一事实是无法掩盖的。法国大学的异质性明显增加，使得集中化、标准化、平等化的管理成为一项微妙的工作。

第一节 统一性与平等主义：两个合法原则

尽管统一与平等的指导原则与法国大学的实际情况的矛盾越

---

1 这种现象发生在许多国家。保罗·温多尔夫（Paul Windolf）(1997) 给出了三种不同类型的解释：基于人力资本概念的功能主义解释、获得改善社会职业地位的个人战略（Boudon, 1973），以及社会流动的竞争。
2 皮埃尔·萨尔蒙（1982）预估 1968—1969 年有 586,466 名学生在大学就读。据教育部的评估与展望局（DEP）统计，1985—1986 年的数字是 967,778，其中包括工程和大学技术学院的学生（部门信息备忘录 97.39）。
3 对增长效应的评估见 Fave-Bonnet, 1997。
4 1985—1986 年和 1995—1996 年，大学入学人数（含工程和大学技术学院课程，但不包括教师教育学院）的增加超过 1.5 倍，从 967,778 人增加到 1,485,583 人。从 1994—1995 年开始，年增长率再次下降到 2%—3%。自 1996—1997 年以来，尽管持有 Bac 毕业证书的人数增加了，但入学率每年下降约 1%（DEP 信息备忘录 97.39 和 99.02）。

来越大，但这些原则仍然具有强大的力量。它们是法国教育规范的一部分，仍是在这一领域采取公共行动的极其合法的理由，也充分体现了教育部在高等教育领域的行事色彩。

虽然这些原则所享有的合法性是相当真实的，但应该加以澄清，我们无法真正谈论统一性和平等性这两项原则拥有大规模的、积极的支持，最多只能说，这两项原则没有引起任何明显的敌意，也没有引起反对性的集体行动。一个宣称支持国家学位的教育部长，肯定不会让任何人上街抗议。但统一性和平等性实际上是默认被支持的[1]，这与它们天然的合法性有关。这两个原则被所有的公共行为者和政治行为者视为理所当然，以至于没有人再去证明或捍卫它们；没有人认为有必要证明它们的合法性，这种合法性是被承认的、受法律保护的，经常以宪法为依据被维护的[2]，但也是含蓄的。例如，公布的数据显示大学之间存在差异，但这从来没有引发对这些差异的论证。相反地，所有不平等的情况都被自动地、系统地认为是"不公正的""不合理的"和"不正当的"，从而引发了关于如何帮扶那些落后大学的演讲。可以回顾一下教育部长弗朗索瓦·贝鲁

---

[1] 应该指出的是，例如，在1991年接受调查的1048名法国大学的学者中，有67.2%的人表示赞成将资助集中在表现优秀的机构这一政策（Crespo, Fave-Bonnet, von Kopp et Weiss, 1999）。然而，这并不能让我们推断出真正实施这样的政策不会引起强烈的负面反应。

[2] 1993年，当弗朗索瓦·菲永（François Fillon）提出一项法案，建议授予大学自主组织权（这与1984年的《萨瓦里法》是相违背的）。他不仅遇到了内部阻力，而且在社会党议员将该法律提案提交审议后，宪法委员会于当年7月宣布该法律提案违宪（Merrien et Monsigny, 1996; Merrien et Musselin, 1999）。

第四章 集中化、统一性、平等主义模式的不稳定

(François Bayrou)1995年11月10日发表在《世界报》上的立场，当时法国几所大学的学生正在罢课：

> 我决心迅速结束大学在职位和资金方面存在的最明显的不公正现象。我们有一些规范，使我们能够比较各大学可获得的预算资金，即使这些规范存在争议和辩论，即使它们有一天必须被改进，但它们确实使我们能够客观地进行比较。而我们看到的是，某些大学实际上获得了超过250%的理论上的拨款（根据政府的资金计算），而其他大学则被遗忘，仅获得40%。我不会允许这种不公正的现象继续存在。(《世界报》，1995年11月10日)

部长的话很清楚，虽然衡量不平等的标准可以进行辩论，但对于是否必须修正这种不平等却不能进行争论。这种情况、分析这种情况的方式以及针对这种情况所采取的行动类型是如此明显，以至于部长不需要证明为什么旨在使落后大学赶上的公共行动是合法的。

平等和统一的原则所享有的合法性也可从它们对如何寻求和设计新的解决方案（改革、政策等）的影响中看出来。总而言之，公共行动被这个认知网格所界定和限制。例如，课程改革是全国系统性的，要在全国的大学中应用，这在法国人看来是"正常的"。这样的改革应该适用于所有的地方和所有的人，这点似乎显而易见，以至于很难想象会以不同的方式来处理问题。谁会梦想着提出一项只与"中心"地区的大学有关的改革呢？谁会建议对博士学位进行改革,由大学或院系来自主决定是接受还是拒绝?

另一个例子是关于大学管理的信息化。在这里,我们观察到同样的逻辑。尽管教育部并不是决策者,为尊重大学的自主权,并使不同的大学能够在实验中合作,这项任务被交给了一个名为 GIGUE[1](大学与机构管理信息化集团)的非营利性的公共组织,但真正的目的却是让尽可能多的机构使用同样的三个程序:Nabuco (Nouvelle approche budgétaire et comptable),用于预算和会计管理;Apogée (Application globale de gestion de la scolarité et des étudiants),用于学生的入学和学业记录管理;Harpège (Harmonisation pour la gestion des personnels),用于人事管理。为应对地方性(机构性)差异[2],这些不同程序的参数是可改变的。但是,它们并不真正允许进行微调。一个行政区域受到的监管越严格,就越有必要使用相关参数。就拿 Nabuco 来说,这个程序必须得到经济和财政部国家公共会计部门的批准,大学只能在做了大量调整后才能使用它。事实上,为了使用这个程序,一个机构必须严格遵守公共会计规则。此外,只有高度集成的应用程序会成为技术的选择。例如,从长远来看,Apogée 的想法是不仅要保存招生和学业记录,而且要设置考试和学术评委、分配教室、跟踪每个进入的班级等。相比与 GIGUE

---

[1] 1997 年 6 月,GIGUE 变成了大学现代化机构(Agence de Modernisation des Universités)。各大学严格在自愿的基础上与该机构签订合同——所有的大学都这样做了——并且可以选择不使用其项目。

[2] 有人认为,给大学自主权并不等同于大学可以自己界定收费与招生。这确实是真的,然而为什么不考虑使用各种技术工具来处理同一对象的信息呢?美国的大学并不都使用相同的招生和记录程序,尽管如此,联邦统计数据还是可用的。

第四章 集中化、统一性、平等主义模式的不稳定

相当的德国服务机构大学信息系统（HIS）所提供的技术选择，法国系统的标准化是显而易见的。HIS 提供的应用程序与学生记录的类型以及其他功能和 GIGUE 一样多，但应用的本质截然不同。德国院校可以决定将学生的入学管理信息化[1]，但不将教室分配信息化，这不是一个"要么全部，要么不要"的系统，也不是每个人、每个机构都需要同样的待遇（如果可能的话）。

统一性和平等原则所强加的认知框架显然是相当有局限性的，而且，由于信念、利益或对问题视而不见，要挑战它是非常困难的。[2]这些原则已被完全纳入规则和程序中，这使得它们更难以受到挑战。每一个获得 Bac 学位的人都能被大学录取，大学学习（那些授予国家学位的项目）几乎是免费的，会保证各机构的注册费用相同，学习课程的内容也是在国家层面上决定的，这些不能仅被认为是正式的安排。这些规则与作为其合法性基础的统一性和平等原则是分不开的。事实上，与其说是规则，不如说是规范，因此，它们既规定了可以合法地做什么，也规定了必须做什么。规则和原则之间的密切联系赋予前者极大的稳定性，并保护它们不被改变，因为修改它们就意味着放弃了其所依据的明显合法的原则。这种合法性，再加上没有任何公认的敌对原则，使得至少到现在为止，不可能对大学教育的统一性、平等性这一概念提出质疑。试图废除或改

---

1 有可能只用 Apogée 来招收学生，但这不是一个具有成本效益的使用方案。
2 此外，不太可能觉得有必要改变这个概念框架，因为大家都知道，一般的原则在应用时都会有不同程度的适应、重新表述和调整。

变大学非选拔性录取的规则或国家统一确定注册费用[1]（授予国家学位的学习课程）的努力总是失败[2]。

最后，这些原则的稳定性得到了保证，因为它们是教育部干预模式的重要组成部分，尤其是其决策程序的组织方式。选择不是通过评估所提交的项目的内在价值或兴趣来决定的，而是将与某一主题相关的所有项目进行比较做出的判断（由中央行政部门组织）。无论是设立学术职位或填补空缺职位的程序、雇用学者、分配研究资金、资助运营预算，还是处理最近的新学科专业认证，都采用了同样的协同方法（Friedberg et Musselin，1993）。所有决定都是定期做出的（预算每年一次，研究项目和研究经费每四年一次），由掌握所有相关申请信息或请求的决策者做出。通过比较所有相关申请，对项目进行排序并最终做出选择。例如，学术职位空缺每年公布一次，这意味着所有候选人是在同一时间提交申请的，所有高等教育机构可以同时审查申请。所有授予核物理学高级研究文凭（DEA）的课程，每四年都要提交国家重新认证申请，以便所有的申请都能在同一时间得到审查[3]。这些程序清楚地表明，所有的申请都得到了平等对待，所做的选择是一致的，因为所有的文件都是由同一群人同步审查的。

统一性和平等原则对于理解法国大学教育的现状至关重要。

---

1 仅适用于授予国家学位的专业。
2 我们只需考虑戴高乐的尝试或注定失败的德瓦凯计划。
3 最近对第三学段研究生项目的认证程序进行了修改。现在，认证程序在国家和各个大学之间进行合同谈判同步进行。然而，目前面对《阿塔利报告》（Rapport Attali）（1998年）所建议的"3/5/8，本—硕—博"制度取代现有学段的思考，可能会导致其他变化。

在过去的两个世纪里，这些原则一直是大学体系建设的核心，深深地嵌入法国大学的构想、现有问题的解决方案、政策的实施以及该领域的行动中。但是，尽管许多现象证明了这些原则的活跃度，但也有迹象表明其影响正在减弱。近几十年来，法国大学的异质性不断增加，使得大学教育的集中化、统一化管理变得更加复杂。

第二节 日益异质化的大学

直到20世纪50年代末，法国大学都是高度同质化的，并表现出令人震惊的抵制创新的能力。四十年来，这种情况发生了很大的变化（Dubois，1997a）。20世纪50年代的院系与今天的大学形成了鲜明的对比，前者有数量有限的、整齐划一的课程和数量有限的、同质化的学生（例如，参考Bourdieu et Passeron，1964），这些学生的职业前景被严格地校准；而今天的大学则为急剧异质化的学生群体提供了广泛的多类型的教育[1]。因此，创新和多样性不再是非大学高等教育部门的专利。自20世纪60年代中期以来，大学已经开发了非典型的学习项目，即在持续时间（例如短期高等教育项目）、学习类型（更直接的功利性）、职业前景（私营部门）或入学机会（选择性录取）等方面区别于其传统使命的项目。

高等教育的第一次大众化浪潮（1958—1968年）不仅仅是非选拔性的学院录取的机械性后果，事实上，非大学部门"拒绝"

---

1 当代大学生在社会背景、实践、初始教育和对教育的态度方面是异质的（Lapeyronnie et Marie，1992；Dubet，1994；Galland，1995；Erlich，1998）。

执行中学后教育所期望的新任务，而是将其"留给"大学。直到20世纪80年代，大学校一直在打马尔萨斯牌，保持其班级的规模，只略微增加一些学生名额（当然，大学校的录取是选择性的），同时很迟才开放其他的录取途径。在高中开设的新的高中后技术学位课程不足以满足需求，也不足以在大学和非大学部门之间"公平"地分配增长。如前所述，从1958—1968年，前者增长了300%以上，而后者"仅仅"增长了200%（而且主要是在大学校之外）。这是对法国高等教育传统扩张模式的一个重大改变。大学"通常"都被期待维持其传统任务，而非大学部门则成功地开发了创新项目。20世纪60年代，"大学闯入了曾为大学校保留的领域"（Magliulo，1982：27），大学开始提供更广泛的教育项目。其结果是，大学内部的多样化取代了外部机构的差异化机制。教育部在这一发展中扮演了发起者的角色。它推出了鼓励教育的多样化和开发更适应劳动力市场的课程的举措，[1]同时以额外资助的形式激励大学。这一次，与19世纪末发生的情况不同，大学对这些激励做出了回应。

在这样的背景下，三种新的大学教育类型发展起来，分别是：短期培训项目、选择性录取的长期学习项目，以及大学学位项目。

---

[1] 应该澄清的是，这些措施背后并没有明确的教育部政策。部委"选择"在大学内开发一系列课程，而不是在大学外创建机构。新类型的学习项目都是为了使大学的"产品"更好地适应劳动力市场的需求，但每一个项目都有自己的历史和动力。如果使用"政策"这个词，也不应该理解为一个计划，而是一个"新兴战略"（Mintzberg et Mac Hugh，1985）。

它们在今天的大学教育中的分量是远远不能被忽视的[1]。1994—1995 年，在公立大学注册的 134.12 万名学生中（不包括大学技术学院和国家高等工程师学院的学生），参加科学和技术硕士（MST）、应用于企业管理的计算机技术硕士（MIAGE）、管理科学硕士（MSG）、生物和医学科学硕士（MSBM）、大学卓越硕士项目（magistères）和高等专业研究硕士（DESS）项目的人数共计占比 4.7%。加上大学技术学院和国家高等工程学院的 18.5033 万（即 12.6%），这些项目学生总人数高达 147.305 万人。

在这些大学教育中，大学技术学院是一个非常有趣的类型。它们创建于 1966 年，也就是建立高等技术研究文凭（DEST）学位的法令颁布五年之后，这是首次尝试将较短的学习课程引入理科院系（Schriewer，1972）。大学技术学院设立之初所遭遇的坎坷[2]引起了特别的研究兴趣[3]，一些作者试图解释为何最初几年它们会"失败"[4]。

但他们没有充分强调将短期技术培训项目纳入当时的法国大学的不协调性。考虑到当时法国高等教育发展的动态，大学技术学院更有可能在非大学部门形成一个新的机构利基，介于大学校和

---

1 根据让-克洛德·艾歇尔的数据计算的数字（1997）。
2 起初，大学技术学院（IUT）吸引的学生不多，而且也不是原本所设计的类型。在 20 世纪 80 年代，这种情况发生了惊人的逆转，申请入学的人数猛增，IUT 成为当地发展的主要机遇，许多城镇都自愿建立了一所。这一点或多或少还是受到了政治操纵的影响。
3 关于 IUT 的分析，见 Quermonne，1973；Van de Graaf，1976；Boudon，1979；Cerych et Sabatier，1986；Rhoades，1990。
4 雷蒙德·布东（Raymond Boudon）的研究（1979）表明，短期 IUT 项目设计招收的学生宁愿赌上在长期的大学教育项目中的成功率，也不愿选修 IUT 提供的课程。

院系之间,或者附属于中学[1]。而这两件事都没有发生。相反地,大学技术学院在大学中为自己谋得了一席之地,但并没有被大学所吸收(根据《萨瓦里法》第33条,它们具有特殊的机构地位)。将大学技术学院纳入法国大学的版图是一个重大变化,这种创新要么注定失败,要么不得不在大学之外发展[2]。因此,加里·罗德斯(Gary Rhoades)(1990)认为,大学技术学院是大学保守主义的受害者,它们被重新调整以适应大学部门的规范,因此经历了一个去差异化的过程,这一断言是不正确的。这与十八人委员会和高等技术教育委员会所设想的目的不符。事实上,这个过程正好相反。大学技术学院的非凡之处在于,它们在保持其最初设计的大部分特征的同时仍然留在了大学内,其特征包括:多学科的、短期的、以技术为主导的课程;就业主要面向工业与第三产业;特定的教学方法,包括在工业或企业的实习期;选拔性招生。大学技术学院既与大学"分离"——这一事实导致它们有时会要求从"它们的大学"[3]中获得自主权,又"在"大学中,因为它们授予的是大学学位。如果说有任何辐射或"漂移",那也是从大学技术学院到大学的其他专业。一些传统型专业现在也设立了实习期,对学生的就业前景给予了新的关注。

---

[1] 1959年创建的高等教育技术证书(BTS)是在高中获得的。

[2] 20世纪50年代一些企业管理学院(IAE)确实在大学部门内发展起来,最初它们具有"院系研究所"的地位(见《1997年学术讨论会纪要》)。

[3] 在1988年建立教育部和大学之间的四年期合同制度时,希望以自己的名义建立合同的大学技术学院(IUT)和主张为某一大学的所有组成部分建立单一合同的支持者之间存在明显的分歧。

第四章 集中化、统一性、平等主义模式的不稳定

在大学技术学院项目启动后,其他项目也得到了发展。20世纪70年代,同样是在教育部的倡议下,大学开始提供选拔性录取的硕士层次的课程,进入就业市场的目标更加明确,例如MST、MSG、MIAGE和MSBM。1985年增加了大学卓越硕士课程,1990年增加了大学职业学院。在硕士教育层次以上也有一些创新。1973年,推出了"高等专业研究文凭",这是面向硕士一年级毕业生开放的一年期课程。与大学技术学院一样,这些新项目与传统的教育项目没有任何共同之处。它们不享有特殊地位,与其他项目一样被纳入了相关的教育与研究单位(UFR)。这些新项目既是以就业为导向的职业性培训,也是成熟的大学教育,而且除大学卓越硕士项目之外,其他项目都可以授予国家学位[1]。

大学学位是最后一个创新类别。这个想法并不新鲜,如前所述,在19世纪后期的改革中已经被明确宣布了。虽然被纳入了《富尔法》,但实施效果有限,而且这种项目在大学中仍只占很小一部分。由于不授予国家学位,所以没有获得公共补贴,这是阻碍其发展的原因,但这也正是其特殊之处。它们的创新潜力在于不受官方设定的国家规范的限制,拥有很大的教学自由度。某些情况下,它们是自筹资金的,因为其注册费用不受国家监管。

大学技术学院、选拔性专业、大学学位设置等创新提醒我们,法国的大学教育在20世纪60年代所经历的变革在质量和数量上是并举的。当时,大学教育的供给开始多样化,那些本可以在非大

---

[1] 1999年引入了职业学士和硕士层次文凭(后者是一个级别而不是一个学位),但它们太新了,没有包括在本研究中,现在预测其未来还为时过早。

学部门发展的专业被植入大学并获得了合法性。此外，在学科分化的同时，也出现了课程的多样化[1]。20世纪60年代之前的教育供给和大学毕业生就业前景的同质性不复存在。

多样化的发展方向可以在大多数大学系统中看到。为了回应日益增加的对高技能工人的需求，许多国家试图向更多的学生开放高等教育，开设多样化的学习课程（例如，Kogan，1997；Meek et al.，1996）。人们普遍看好这一过程[2]，认为它能很好地适应学生群体的异质性，满足劳动力市场的需求，允许大众教育和精英教育并存，容纳大学系统开展创新实验。通常情况下，教育项目的多样化会导致教育机构范围的扩大，然而，大多数研究人员观察到，与多样化同时存在的，还有去差异化的趋势，因为新创建的机构倾向于通过一种被称为学术漂移的现象[3]减少在教学规范上与最有名

---

1 也就是说，在学科内部专业分化的过程中发展了专业自身的课程，这一发展也进一步丰富了学科课程体系。伯顿·克拉克（Burton Clark）对这一过程进行了描述和分析，他肯定地说："高等教育是一个卓越的分化社会。"（Clark，1997b：24）
2 然而，与差异化相关的美德已经受到质疑（Teichler，1996：97）。
3 学术漂移论的支持者们并不都能找出相同的原因。在大卫·里斯曼（David Riesman）看来（1956），这一过程是政府的政策具有同质化倾向的结果，而罗伯特·伯恩鲍姆（Robert Birnbaum）（1983）则强调了"小"机构的积极作用以及它们模仿著名机构的倾向。在加里·罗德斯看来（1990），学术界的"自然"倾向是去差异化，但如果国家有办法，如果立法权强于行政权和管理权，这一点是可以被抵消的。弗兰斯·范富格特（Frans Van Vught）（1997）提出了两个解释系统，但没有对它们进行区分。一方面，他引用了人口生态学家的概念（Hannan et Freeman，1989），认为竞争稀缺资源的组织往往会变得相似；另一方面，在新制度主义思想（特别是Powell et DiMaggio，1991）的基础上，他认为高等教育受到三种类型的制度同构：强制性同构，政府强加了单一模式（Meek 1991）；模仿性同构，导致机构复制成功的机构；以及规范性同构，在专业网络（这里指学术界）中发展。

第四章 集中化、统一性、平等主义模式的不稳定

望的机构——大学——之间的差距。

法国的案例在两个方面呈现了这种趋势。首先,虽然法国高等教育系统中的大学和大学校之间存在着缩小差异和相互借鉴的趋势,但这并不是通过学术漂移来实现的,而是通过两类机构特有的"模式"之间的相互渗透机制[1]实现的。某些大学校现在已经被授权可颁发大学学位(研究生教育层次),并试图将大学的规范应用于其教授队伍的管理中[2]。至于大学,它们正在提供选拔性的、职业化的专业课程。长期以来,在公司或行业中实习被认为是大学校教育的特殊性,而现在也变得并不罕见了,甚至成为大学教育中的经典,而且很可能成为普遍做法。总而言之,一类机构所特有的特征现在正趋于被其他机构所采纳和整合。

在相互渗透和多样化机制的作用下,法国大学提供的教育项目更加多样化。在许多情况下,比外国同行(即德国)的项目种类更多。这一趋势所产生的后果之一是法国大学的个别化发展。现在,每所大学都有自己的教育供给,在选拔性和非选拔性入学项目、传统学术项目和职业项目设立比例等方面的规定都很具体。这意味着大学之间的差异更大了。因此,教育项目的多样化也增加了机构的多样性。

---

1 谷德布勒(Goedegebuure)等人得出了同样的结论。"IUT 或 BTS 学位持有者无计划地流入大学,以及大学和大学校在实施合同政策后对社会需求的进一步开放,可能会模糊法国高等教育的明显的分割结构。"(1993:384)(作者译)
2 例如,在商学院,拥有博士学位过去并不是获得终身教授地位的必要条件,而现在这越来越成为一种规范。

第三节 日益多元的大众化大学的矛盾

因此，法国高等教育近年来被推向了两个相反的方向。一方面，历史悠久的标准化、平等主义模式仍在运作。为维护这一国家框架，国家法规、章程、课程、国家文凭、文件（或档案）的协同管理，以及面向所有人、适用于各地的重大改革都为保证平等待遇和高度的一致性提供了保障。此外，大学预算中的绝大部分来自国家资助，这也给了教育部很大的筹码来进行重新分配，减少不平等，以及提供奖励。

另一方面，也就是最近的发展方向与大学间的多样化动态是一致的。法国大学这一发展趋势部分源自20世纪60年代和80年代末学生人数的大幅增长（现今教育部负责管理约1,429,750名学生[1]、84所大学和67363名学者[2]）。人数的增长所导致的内部分化进一步加强了大学机构之间的异质性。

因此，教育部必须处理一个既庞大又多样化的大学系统，在这里，集权式的行会主义管理模式遇到了两类限制。一类是规模，它直接转化为财政限制。一个拥有150万学生的、非选拔性的、几乎

---

1 "学生"数据来自1998—1999年评估与展望局（DEP）对大学入学人数的统计，包括IUT但不包括IUFM（信息备忘录99.02）。

2 "大学和教师"的数字，包括IUT但不包括ENSI，来自1996—1997年DEP的统计（信息备忘录98.33）。

第四章 集中化、统一性、平等主义模式的不稳定

免费的大学部门所需的经费在国家预算中的占比是相当大的[1]。另一类是越来越多的异质性现实与一直保持标准化和平等主义的法规和行动模式之间的突出矛盾。

一、对"全部由国家资助"的质疑

财政限制更为明显，也更广为人知。作为唯一的出资人，须支付150万学生的教育费用和支持所有大学开展研究，法国国家政府的日子过得很艰难。大多数大学已经明白这一点，并正在寻求多渠道的资金来源，增加筹集资金在大学运营预算中的比例。

我们在这里的分析似乎代表了对"所有都是靠政府"（全面控制、全面资助的国家）的普遍批评，因此，可能有人会说，这是支持脱离国家干预的经典自由主义论调占主导地位的一个标志。也许是这样的。尽管实现了经济的规模性增长，但如果认为在1959—1960年接待超过20.2万名学生所需的预算与今天接待七倍于此的学生所需的预算有什么共同之处，那将是不负责任的。法国高等教育在20世纪90年代初经历了新的数量增长，在国家已经承诺要减少赤字的同时，这种增长只是增加了这种压力。在难以获得国家财政收

---

[1] 作为迪迪埃·尼戈（Didier Migaud）代表财政、经济和计划委员会就1999年财政法案所做报告的一部分，由阿兰·克拉耶（Alain Clayes）负责撰写的关于"国民教育、研究和技术"的特别报告（附录18），开头如下："1999年'高等教育'部分的预算，包括大学研究在内，正常开支和支付拨款数额将达到511.14亿法国法郎。"

入的经济背景下，以低得离谱的注册费用[1]接收150万学生，代价是巨大的。大学的财政困难不是虚拟的，它们与经济和预算的现实状况是相呼应的[2]。这些困难，再加上国家干预总体上面临合法性危机，以及大学整体上缺乏公信力，使得无论经济增长的前景如何，都不可能大规模增加大学的公共开支。

在缓解预算限制的潜在解决方案中，有两个提议暂时被排除在政治议程之外：一个是通过选拔性录取减少学生人数，一个是将目前的注册费转为更接近实际成本的学费。另外两个提议得到了教育部的支持：大学机构内部管理的合理化（这将在第六章和第七章中讨论）和资金的多样化[3]。大学受邀发展与私营部门的关系，为促进这种关系的发展，教育部已增加了相应的组织结构（参见1999年7月12日颁布的旨在促进大学内部的创新和研究的法律）。虽然在20世纪80年代，大学与企业建立联系往往会遭到质疑，但这种关系今天已被更好地接受了[4]，而且更加频繁[5]。大学也被鼓励更多地发展继续教育，以这些项目作为资金来源，并适当回

---

[1] 这具有双重误导性，一方面，注册费与学习的实际成本完全不成比例；另一方面，与学生为获得学位所做的长期投资完全不成比例。

[2] 在这里，人们有理由认为法国大学糟糕的物质状况是因高等教育预算的分配而大大恶化了，因为高等教育预算在很大程度上偏向于大学校，而牺牲了大学的利益。

[3] 这个解决方案对于现行的制度来说是全新的，而对于19世纪末实行的制度来说，就不那么新了。1896年的法律所规定的预算条款鼓励资金来源的多样化。在世纪之交，三分之二的大学预算由国家承担，而三分之一来自外部资金，其中一部分来自当地社区（Weisz, 1983; Verger, 1986: 333）。

[4] 莫里斯·卡西耶(Maurice Cassier)(1996)的研究表明，学术界在处理这种关系时，既要满足与他们签约的企业的需要，又要满足他们自己的研究要求和科学标准。

[5] 这点正如许多大学预算中自筹资金的比例不断增加所反映的那样。

第四章 集中化、统一性、平等主义模式的不稳定

应当前职业技能的价值化和不同年龄段的具体教育需求。最后，地方政府被要求为大学提供资助。尽管 1982 年的《权力下放法》没有规定将高等教育的管理责任从国家层面转移到地方层面，但地方政府在 20 世纪 80 年代中期已经明确表示准备接管这一领域。在严峻的经济形势下，城市和乡镇寻求被教育部选为大学的扩展地点，从而向希望吸引的企业进一步证明地方的活力[1]。一些地方甚至无视大学分布图的原则，在没有得到部里批准的情况下建立了大学分校。达尼埃尔·菲拉特（Daniel Filâtre）指出，1989 年在国家评估委员会（CNE）统计的大约 50 个大学扩展区中（1990）有 30 个是未经批准的，也就是说，是教育部不予承认的，而且"一个母大学和一个城镇或一个相关城镇群之间仅存在一个简单的书面协议"（Filâtre，1993：40）。20 世纪 80 年代末，教育部在 2000 年大学计划（最近被第三个千年大学计划 U3M 所取代）中利用了地方的这种意愿，建立了一个庞大的大学植入计划或大学扩展计划，允许各地区（以及省和市）参与制定大学版图的决策，并允许地方设立分校或创建大学，前提是地方政府能筹集至少一半的配套资金[2]。此外，1990 年做出的监管决定允许地方获得新基础设施的建筑合同，并在有条件的情况下给予其收回增值税的可能性。

如果我们考虑到大学的总预算，包括运营费用和人员工资，在法国大学预算中多元化来源的资金比例（当地政府的支持、欧盟项

---

[1] 达尼埃尔·菲拉特的研究表明，城市是第一个被动员起来的，它们有三个论点：高等教育的民主化，为大学总部所在的大城市交不起房租的学生提供大学学习机会，以及为地方经济和城市发展创造机会（Filâtre，1993：188）。
[2] 关于对该计划和这一合同政策新范例的首次评估，见 Baraize，1996。

目和企业资助）仍然很低。因此，不能说国家在财政上已经脱离了。然而，一些转变是可察觉到的，更重要的是，它也有助于增加大学间的异质性，包括机构的地理分布、临近地方政府的资源以及支持大学发展的地方政策等方面，这些或多或少都可能有利于大学的发展。

二、统一性与平等主义的瓦解

我们可能会认为，近期学生人数的减少和经济增长的恢复会减少对大学资金多样化的激励，但那将是把中央集权的国家管理所必须处理的其他矛盾抛在一边。一方面是统一性和平等主义原则之间的差异日益扩大，另一方面是真正的大学的异质性，教育部不得不采取"大规模单一性管理"[1]。这就导致国家面对两难的困境：它不能再保证国家的同质性，也很难控制机构的规则发生扭曲。

1. 日益增长的理论上的一致性与统一性

许多例子表明，教育部难以通过国家规则履行其作为规范制定者和地方实践标准化的保证人这一职能。下面我只举两个例子。

首先，确定教学工作量，促进实践同质化或至少减少各机构之间的差异。这项任务似乎并不是特别困难。教师的工作量是按课时和所教课程的类型来计算的。课程类型大致分为三类：cours magistraux（CM，讲座课程），travaux dirigés（TD，大致相当于与助教的小组会

---

[1] 艾蒂安·曼维埃尔（Étienne Minvielle）在医院管理研讨会上发表的一篇论文的标题（1997年）。

议），以及 travaux pratiques（TP，在助教监督下的各种实验课——科学、语言实验室）。一个小时的 CM 等同于一个半小时的 TD 和两个小时的 TP。每位教师每年须完成规定的 192 个小时的 TD[1]。理论上讲，每个学位课程的教学工作量和成本应该是相当容易计算的，而在现实中，大学课程的多样化反过来又使教学任务多样化了，产生了一些法规定义中没有规定的任务（监督学生的学习、辅导员的协调工作等）。教学工作量的概念不再与国家的任何规范相对应。对新的教学活动的规定有时意味着将其纳入现有的工作量；同时，也有一些大学将其从必修课时中扣除，而另一些大学则将其算作补充课时。最简单也是最现实的解决方案肯定是由每所大学来界定教学工作量的内涵，然而，教育部不可能接受这样的想法，因为计算教学工作量为其提供了一个"通用"的参考点来确定分配给每所大学的补充课时数，并评估师生比例是否适当。显然，它需要一个全国性的标准来证明其分配标准的合理性。问题是，这也注定了要处理的数字（以各大学不同的计量单位计算）及其反映的实际情况之间日益扩大的差异。

第二个例子涉及对获得国家学位的学习课程进行认证。在这一点上，教育部也无法保证各大学之间的平等性。学位课程受国家法规的制约，被称为国家规范，规定了相关学位的课程通过认证的最低条件。教育供应的多样化使国家规范的数量实现了前所未有增长。在管理这种情况时，教育部采用了两种交替的方法。第一种方法是，有多少新的学习课程就创建多少新的国家规范[2]，这在一定

---

1 这仅适用于教授和副教授。
2 这是我们在 1987 年第一次对高等教育部各部门进行调查时的情况。

程度上保证了规范的标准化。然而，由于没有对学科专业设置限制，这也要求教育部要管理越来越多的规范，召集越来越多的专家来审查认证申请，组织越来越多的认证程序等。如果走到逻辑上的极端，为每个学习项目提供单独的规范，这种动态可能会淡化国家学位的概念。第二种方法是广泛地界定国家规范，以便在单一的项目名称下可以进行修改。[1]在这种情况下，国家规范的数量仍然保持一定的合理性，但国家学位的概念就失去意义了。实际上，这些国家规范的目的之一是向未来的雇主保证，两个在不同大学获得相同专业的硕士学位的学生，其资质是极度相似的。国家规范越宽泛，就会对地方差异性越开放，那么这种保障就越弱。在这两种情况下，维持国家规范与日益多样化的学习项目之间是不相容的，这也使实现全国范围内大学的同质性变得越来越虚幻。

因此，要想维持基于国家程序、法规和规则的集中管理，只能以削弱这些规范对高度多样化的实际情况的适应能力为代价。测量单位原本旨在为所有大学创建一个共同的代码、发展一种统一的语言来保障稳定的等价性，现在已经成为相对性的，教育部所定义的"标准米"在全国范围内不再具有相同的价值。

2. 不再遵循的标准

从大学的角度，这种发展意味着个别大学在其地方实践中服从

---

1 教育部长克洛德·阿莱格尔1992年实施了这一政策，减少了高等教育第二学段（硕士研究生教育）的规范的数量（Allègre, 1993）。

国家规范的程度被削弱了。一方面,它们被授予的信誉遭到了威胁。下面以国家学位为例。对于学者们而言,这些学位的价值具有高度的相对性。专家委员会的成员在阅读候选人的申请文件时,首先会自发地去看候选人的论文导师是谁,论文评委有哪些,并试图从论文答辩报告的字里行间读出答案。换句话说,参与并直接负责学位授予的行为者本身并不相信国家学位的等同性。

另一方面,试图规避国家法规的行为不胜枚举。在这里,我们遇到了众所周知的创造性规则的解释问题,这是法国行政部门的普遍做法(Crozier,1964)。弗朗索瓦·迪皮伊和让-克洛德·托尼格(1983)认为,这是地方创新的永久之泉。正如达尼埃尔·波托茨基·马利塞(Danielle Potocki Malicet)(1997)关于课程的先决条件和学位要求的研究所呈现的那样,学者们也成功地参与了这项工作,而教育部并不能真正控制这种安排。当然,这并不代表教育部不知道发生了什么。例如,每个人都能指出行政注册的学生人数与实际招收和上课的人数之间的差异。但是,没有人能够说出这两个数字之间的差距对每所大学具体意味着什么。那么,当一所大学的课程通过认证,大学对这一课程的国家规范的自由解读权又是什么?知道这种做法的存在是一回事,而了解到它的普遍性以及违反哪些法规却是另外一回事。

然后是公然的非法行为,这些行为导致了对特定大学的诉讼。法律规定,全法的大学都采取非选拔性的录取方式和固定的注册费用,但一些大学开始尝试打破这种常规,举两个典型的例子。第一个例子,巴黎第九大学公开在本科教育阶段采用选拔性招生方式,这一做法经常被媒体曝光[1]。第二个例子虽然也引起了媒体的关注[2]，但不太为人所知，涉及向学生收取"额外费用"的"滥用职权行为"。由于大学不能改变注册费用，一些大学试图偷偷摸摸地要求为一些学生服务，如对讲义、体育活动等收取额外费用[3]。针对这两种情况，教育部都不是第一个做出反应。它只是在学生或学生会对其提起诉讼后才对运用这些手段的大学进行制裁。这就好像中央行政部门已经放弃了自己的干预，每个人——行政人员、政治家、学者——在继续捍卫统一性和平等性的合法性的同时，也容忍了对这些原则的蔑视。

因此，过去三十年的大学教育发展趋势表明，大学机构的现实与维持帝国大学以来的单一又集中的管理模式的想法越来越不相容。在高等教育大众化和大学内部多样化的双重压力下，这种模式

---

1 例如，参见1992年8月2日《世界报》刊登的《巴黎第九大学-多芬大学的创新方式受到司法部门的质疑》(《L'originalité de l'université Paris IX-Dauphine est remise en cause par la justice》)，以及同一页的一篇题为《法律上毫无依据的选拔性学习项目》(《Des formations sélectives sans fondement juridique》) 的简短文章。

2 参见《世界报》如下三篇文章：《收取未经许可的注册费用的做法蔓延》(《La pratique des droits d'inscription "sauvages" s'étend》)，1995年7月25日；《行政法庭取消巴黎第九大学的预算：收取补充费是不可接受的》(《Le tribunal administratif annule le budget de l'université Paris IX-Dauphine : Les redevances complémentaires aux droits d'inscription sont remises en causes》)，1997年12月8—9日；《大学收取注册费以外的补充费用的做法倍增》(《Les universités multiplient les suppléments aux droits d'inscription》，1997年7月11日）。

3 其实费用仍然很低。虽然64所大学中有56所采用这种做法，但在一半情况下，要求的金额不超过100法郎（来自学生协会联合会的研究，引自《世界报》，1997年7月11日）。

第四章 集中化、统一性、平等主义模式的不稳定

已经发生了深刻的变化（Girod de l'Ain，1997）。负责监管的教育部在忠于统一性和平等原则的同时，也意识到这一发展不是一件容易的事。然而，正如我们现在所看到的，在过去的十多年里，教育部本身已经改变了其干预模式。

第二部分 大学的时代

第五章
教育部重新承认大学……

在过去十年中发生的第二个重大变化涉及教育部对大学教育所开展的试点工作。以学科为重点让位于更注重大学机构整体的行动模式,这一变化与教育部与每所大学之间订立合同的新政策密不可分。这项政策比其他任何措施都更能促进中央行政部门干预模式的重大调整,以及与大学关系的变化。[1]

这一变化既深刻又出人意料。1988年5月,弗朗索瓦·密特朗再次当选后的几个月,中央行政部门仍然主要按照学院的逻辑来管

---

[1] 这是为何我在这里不谈"大学2000计划"的原因,该计划也是合同方式开展的一部分。事实上,谈论变革的理由并不在于合同的使用,而在于实施了机构合同,在监督机构内部引入了机构逻辑。尽管正如安托万·普罗斯特向我指出的那样,"大学2000计划"的建设成果为大学的存在提供了物质基础,但"大学2000计划"中的合同在从学科到机构的转变中发挥的作用较小,因为该计划调动的是中央行政机构、学区区长和地方当局,而非大学校长。

理大学。决策是在特定的学科方面做出的，考虑的是整个法国，而非每所大学的特殊情况，而且，在教育部人员的话语、陈述或实践中未提及大学作为机构整体的身份。负责监管的法国教育部根本没有考虑到1968年的《导向法》(《富尔法》)[1]，更不用说1984年极具争议的法律(《萨瓦里法》)了。大学教育指导工作以院系为中心这一特点早在学院共和国时期就已经扎根，在学院被废除后仍然保持着。而且，1987年，当我在教育部内开展第一次联合调查时，这种状况似乎没有受到威胁（Musselin et Brisset, 1989; Friedberg et Musselin, 1993）。

1988年的总统竞选没有给人带来期待改变的理由，候选人希拉克和密特朗的纲领中没有任何关于高等教育改革的计划。与1981年的总统选举和1986年的立法选举（后者的重点是废除《萨瓦里法》）相比，在1988年的选举中，无论是右派还是左派，都没有人谈到对大学进行改革、制定新法律或总体发展计划。然而，在总统选举之后，新任命的社会党总理米歇尔·罗卡尔立即宣布，教育将是其政府的一个优先事项，所有的人都在等着看这个声明之后会有什么具体措施。但是，新闻界对国家教育部长利昂内尔·若斯潘（Lionel Jospin）在1988年9月对大学校长的讲话则表现出相对较少的兴趣，该讲话宣布了一项根据合同分配部分国家资金的政策。教师和学生对此政策也没有任何反应。运用菲利普·加罗

---

[1] 根据科恩(Habiba S. Cohen)的说法，教育部"否认"了这项法律的存在。"对(大学)自治的承诺被教育部的法令破坏了，这些法令慢慢耗尽了1968年的法律所赋予的自治权。"(1978: 164)(作者译)

第二部分 大学的时代

（Philippe Garraud）(1990) 关于被提上政策议程的问题的类型学理论，我们可以说教育部的新合同政策遵循了"沉默"的包容模式，即典型的自愿性公共行动的"预期模式"[1]，"通常的特点是没有冲突、公共争议，也没有被媒体或被政治利用，但在大多数情况下，也没有明确的、确定的社会需求……（它）在很大程度上是各部委的专长"。(1990: 37)

这项沉默的政策，没有人要求却被列入教育部的机构议程，没有任何争议（Cobb et Elder, 1972）[2]，却引发了法国大学系统的深刻变革[3]。在一年的时间里，教育部已经想好了合同的基本设计，并留出了预算资金。为了实施新的措施，中央行政部门进行了全面重组。聘请了新的部门主管，并在1989年3月发布了一项指令，明确了如何开展工作。1989年12月，签署第一批合同，四年后，大多数大学都与教育部签订了第一个四年期合同。最重要的是，与所有的预期相反，该政策将大学置于程序的中心，将对学科的参考（依赖）降至最低，并将其边缘化了，在几个月内推翻了自拿破仑以来教育部特定的管理模式的做法和原则。

如何解释这种变化？为什么合同的理念会一开始就被接受，

---

1 这种模式让人联想到某些美国新制度主义政治学家关于国家在面对社会需求时的自主性的思考，以及公共当局自己构思和发展新型公共行动的能力（参见 Evans, Rueschemeyer et Skocpol, 1985）。

2 起初唯一的监管依据是1989年3月24日的第89—079号部级指令，发布在《官方公报》13期（3月30日）：761—765。

3 应该指出的是，这一行动的政治发起人本身并没有评估其范围。克洛德·阿莱格尔在1993年讲述他作为教育部特别顾问的经历时，只用了四页的篇幅讲述合同政策。

又是如何设法变得如此牢固,并在一段时间内占据主导地位的?答案与合同作为政策工具被使用关系不大,而是与该指令在教育部内部的执行方式有关。大学能够在中央行政部门内接管权力,是因为与该政策相伴的是一个意义产生和合法化的过程。

为了支持对这一过程的解释,我将表明:一、大学与教育部的合同是独立于之前的经验而制定的,因此,这一变化不能被视为新公共行动表现传播的最终阶段;二、合同的成功与"合同解决方案"的任何内在价值关系不大,而是与实施这一政策的方式有关。

第一节 1988年的合同政策与过往经历

只要有人问强化大学整体层次的想法从何而来,就很容易把1988年的合同政策解释为几年来发展趋势的延续。事实上,对近期发展的回顾表明,这样的想法已经包含在以前的政策中,但是,我们不能肯定这些政策是国家在大学教育领域调整行动的开始。

一、三次未产生较大影响的经历

在1989年之前有三次实验,所有这些实验都旨在促进大学的整体性,但都未能偏离以学科为重点的教育部干预模式。

1.1975年:首次尝试预算合同化

在《富尔法》通过后不到七年的时间里,首次开展了教育部与大学之间资源分配合同的实验。发起人是让-路易·盖尔莫纳(Jean-Louis

Quermonne），他在 1974—1975 年担任教育部高等教育和研究司司长，是大学自治的热情支持者。1975 年大学校长会议（CPU）在维拉尔德兰斯（Villard-de-Lans）举行的座谈会上对该倡议给予了支持。

但这个实验只持续了几个月。1976年，雷蒙德·巴尔（Raymond Barre）接替雅克·希拉克成为总理，当新的高等教育部长艾丽斯·索尼耶-赛特（Alice Saunier-Seïté）到任，取代了让-皮埃尔·苏瓦松（Jean-Pierre Soisson），这个实验被中止并很快被遗忘了。尽管 1975 年的计划可以说是传播了有利于大学与中央行政部门签约的思想[1]，但参与 1988 年合同政策的行动者中却无人将 1975 年的计划视为改革的参考，甚至未提及它的存在。在 20 世纪 80 年代后期，在教育部内部流传的准备性文本（"服务"级别的备忘录、会议记录、中间项目）中也未曾提及[2]。

2. 国家评估委员会（CNE）：一个仍处于边缘地位的倡议

第二项举措是 1985 年成立了国家评估委员会（CNE），其目

---

1 参考菲利普·卢卡斯（Philippe Lucas）1987 年发表的《合同空间》（《L'espace contractuel》）一章。作者在 1979—1986 年担任里昂第二大学的校长。他明确提到了大学和教育部之间的合同关系，但只是作为整个"合同现象"的表现形式。也就是说，首先是各个大学和周围行为者之间的多种类型的伙伴关系的发展。还应该注意的是，国家和大学之间的合同观念经常被全国教育工会-法国民主劳工联合会（SGEN-CFDT）维护。

2 1995 年 12 月 12 日，国家教育行政人员和督导协会（由国家行政学院校友组成）在巴黎举办了一次研讨会，会上有一位与会者回忆说，她曾在 70 年代中期参加过与教育部的合同谈判，这使我第一次了解到这一段经历。

第五章 教育部重新承认大学……

的是评估大学,而不是学科[1]。在一个以学科为中心的大学系统中,这是一个值得注意的事实[2]。然而,对于大学机构整体进行评估的积极动员,开发支持大学机构整体评估的方法说明,以及对大学机构整体评估的报告,都没有对教育部的管理模式产生重大影响。

CNE 从成立之初就表现出相对于教育部的独立性。事实上,它在 1989 年 7 月获得了独立行政机关的地位。其必然结果是,教育部不能利用 CNE 的评估结果来管理大学的资金分配。因此,CNE 和教育部之间是相互不信任的,而非彼此合作。教育部的工作人员认为,CNE 是一个很可能侵犯他们的官方权力的机构,而 CNE 的成员也不希望 CNE 被认为是教育部的附属机构。这就降低了合作的可能性。最重要的是,教育部倾向于忽视 CNE,中央行政部门几乎不使用 CNE 的报告,因此,无论是 CNE 制定的方法还是其产品所呈现的观点和传递的知识,都没有对监管当局产生任何实质性影响。[3]

CNE 忠于其最初的定位,致力于对大学而非学科的承诺,这是值得注意的(每份报告都有一个关于大学管理的章节),但这种坚持是有代价的:这个机构被保持——而且是一直保持——在边缘,它的方法无法被传播,其影响力仅停留在委员会内部,也无法影响中央行政部门的行动原则或做法。

---

1 CNE 确实有几份报告专门讨论了学科评价的问题。
2 鉴于其他欧洲国家选择了以学科为重点的评价体系,这点尤其引人注目。
3 有趣的是,CNE 对大学的影响也很弱,很少有大学知道如何利用 CNE 的文件来进行深度的自我反思。

第二部分 大学的时代

3. "四年的研究合同"：一个漂移的实验

第三项也是最后一项实验始于1983年，与1988年的合同倡议最为相似，它引入了基于四年资金需求预测的研究合同。考虑到参与1988年合同化改革的一些人也参与了1983年的实验，而且关于高校合同的第一批文本也经常提及它，同时，两者最初的意图似乎也很相似，因此，这两项措施之间的联系就更加诱人了。研究合同是对三个相关问题的回应：摆脱年度预算管理的束缚，促使大学制定自己的研究政策，以及将资金分配给根据这些政策发展的研究团队，而不是没有联系的研究小组。虽然这类合同中的各种研究项目继续由相关学科的专家进行审查，但政策规定，四年期合同本身要与各个大学机构整体协商。

然而，在实施初期，该政策就偏离了最初的目标。对大学机构整体的关注被放弃了，谈判再次落入学科的支配之下。这些为期四年的研究合同未能加强大学制定和实施研究政策的能力。这可能是因为，与国家研究组织（国家科学研究中心［CNRS］、国家农业研究所［INRA］、国家卫生与医学研究所［INSERM］等）为单个研究项目[1]提供的资助相比，大学获得的研究资金（即由教育部高等教育部门提供）并不多。因此，大学很难制定自己的研究政策，因为这在很大程度上是校外机构孤立决策的结果。事实是，中央集权和干预主义倾向很快就重新占据了上风，大学逐渐被边缘化了。它们不能再按照自己的意愿使用与教育部协商后获得的研究经费；相反，经费被

---

[1] 因此，这是独立于任何机构的科学政策。

分配给指定的研究小组。它们继续签署四年的研究合同，但因不能再决定如何进行资金分配，[1] 每所大学只能在谈判之前提出类似政策的东西，选择将哪些研究团队的项目提交给教育部。这些合同非但没有强化"大学"的整体性，反而再次削弱了它，因为合同倾向于从单个研究项目和学科的角度来处理提案。其结果完全违背了该举措背后的行动理念，因此也与后来的教育部—大学合同政策[2]背道而驰。

二、1988年的政策与更早之前的倡议没有任何共鸣

可以说，这三项实验对实施监管的教育部的影响是不存在的。第一个实验没有获得时间；第二个实验幸存下来，但完全是孤立的；第三个实验失去了最初的特点，以学科为基础的集中式专家评估再次优先于大学研究政策。尽管如此，缺乏直接影响本身并不足以认定1988年的合同政策理念没有从早期的实验中受益，也不足以认定它不是一个学习和累积过程的结果。

这些尝试是否促进了论点和推理的发展、立场的确定，是否形成了有利于大学"文化"的修辞，并使这些论点、立场和修辞有可能在更大的公众中传播，我们只能在确定这些以后才能得出结论。然而，没有证据表明有这样一个过程。在合同政策出台前的十五年里，人们对支持大学自治的论点没有表现出更大的兴趣。在试图采

---

1 高质量研究奖金（BQR）设立后，允许大学根据自己的需要分配来自教育部的高达15%的研究经费——这并非微不足道，但仍然不多。
2 需要指出的是，尽管同时引入了机构合同，但研究合同政策将继续遵循同样的集中化和学科化方式，而且这种做法将更突出；而机构合同恰恰相反，鼓励加强"大学"层面。

取行动之前，这些论点就已经存在了[1]；在这些尝试之后，它们继续存在；然而，它们并没有因为这些尝试而得到加强。这三次实验是基于一种有利于大学自治的理念和方法，但并没有帮助传播，也没有带来皮埃尔·穆勒（Pierre Muller）所提出的调解人群体的形成（1995）——他们致力于捍卫大学世界的新愿景。

这些实验也没有被用来作为经验教训，以避免政策执行者重蹈覆辙。没有对这些政策以前的失败进行批判性分析；没有提出任何方案；没有人试图找出过去国外或法国政府的其他部门是否实施过类似的举措，或分析这些措施可能产生的结果。

最后，我们不能以参与这些不同尝试的核心参与者的持续性存在来为这些不同实验与合同政策的关系进行辩护。大学合同政策的绝大多数制定者都没有参加过早期的倡议，对它们的了解也很有限。没有人参与过也没人知道关于1975年的简短合同政策的冒险。尽管少数人曾参与过四年期研究合同并支持合同的想法，但他们并不比其他人更能推动新合同政策的内涵界定。

因此，似乎很难说这项政策的成功是由于教育部新的干预模式的传播和权力的增强，也很难说大学合同因过去的实验而合法化并获得了成功[2]。

---

1 我们只需回顾一下第三共和国改革者的文本，以及卡昂讨论会上发表的宣言就可以了。
2 在这方面，我所研究的法国高等教育的变革过程与樊尚·西穆兰（Vincent Simoulin）（1997，1999）分析的北欧国家的合作转型不同。在北欧，不同的团体推动他们自己的立场，虽然都是相互依存的，但都或多或少与其他团体相矛盾；不同的改革方法最终产生了一种新的行动，一种所有立场的综合，一种结果。相比之下，法国的合同政策并不是过去的举措的高潮。

因此，合同政策应被视为一个独特的实验，一个有自身逻辑的实验，一个首先要用自己的术语来解释的政策[1]。更重要的是，在它启动的那一刻，没有理由预测它的命运会与先前的实验不同；没有理由坚信它不会失败，不会偏离正轨，或者更有可能的是随着第一次政治权力的更替而中断。也没有任何理由预测它会像现在这样重要，它将改变教育部的管理模式，为大学提供机会并使其变得更加自主。此外，与实现和实施这项政策的工作相比，宣布这项政策根本不算什么。

第二节　合同：一个政策上可行的选择而非有效的解决方案

解释合同政策的影响的另一种方式是表明它是一个好的解决方案，也就是说，仅仅引入与大学的合同就足以改变教育部的做法了。事实上，尽管可以证明该政策在政治上是一个可行的选择，但我们不能由此得出结论说它本质上是一个有效的解决方案[2]。

一、合同：一个政治上令人满意的解决方案

毫无疑问，合同政策是在紧急情况下做出的决定。在密特朗第

---

[1] 此外，该政策的推动者们似乎也是这样理解他们的行动的，他们把自己说成是创新者或先驱者，而不是过去经验的接受者。
[2] 在这方面，应该记住，四年期研究合同的政策已经偏离了轨道。

二次获胜后,部长和内阁被期望展示他们的"创造力",他们迫切寻求思路和解决方案。新任教育部长利昂内尔·若斯潘刚刚上任履职,这通常是启动新项目的有利时机;米歇尔·罗卡尔宣布教育将是其政府的优先事项之一;此外,即将到来的秋季学生人数可预计的增长意味着学年的开始将是艰难的。对于教育部长利昂内尔·若斯潘及其内阁来说,压力很大,必须在1988年10月大学开学前向校长们宣布"一些事情"。但是,是什么呢?

政策制定者已经不得不注意到几个禁止进入的标志,这个问题的答案是微妙的。过去曾多次采用过的那种经典解决方案是行不通的。起草《萨瓦里法》所花费的时间和精力,以及1984—1986年该法在实施过程中遇到的巨大困难,抑制住了提出新框架法的想法;同时,拟议的《德瓦凯法》的失败,劝阻了教育部人员做出任何会影响大学结构或地位的改变——没有人想在大学和学生社团中重新点燃这种冲突。此外,由于这是一个由社会党执政的政府,几乎没有政治或意识形态[1]上的动机来修改国家原则,诸如非选拔性录取、注册费用或国家学位。最后,教育部的内阁成员了解或赞同利昂内尔·若斯潘对将高等教育下放到地区一级计划的敌意。

1988年8月,在越来越大的行动压力下,教育部知道不想做什么,却没有明确的行动方案。若斯潘上任后,并没有提前很长时间进行规划,而且他也不是以教育专家而闻名(尽管有人喜欢指出他有短暂的教学生涯)。他的内阁成员却并非如此,但其中却没有人

---

[1] 社会党一直反对选拔性录取。

对大学教育有任何成熟的方案，没有人是大学的理论家。他们之中既没有凯恩斯（Keynes）(Hall, 1989)，也没有马尔罗（Malraux）(Urfalino, 1996) 来发展新的理论，也没有提出一种高于另一种的行动哲学。因此，合同化的解决方案与其说是一种意识形态上的选择（在这个词的崇高意义上），或是将对大学的新愿景转化为行动模式，不如说是解决当前问题的一种令人满意的方案（March et Simon, 1958）。

首先，它可以立即付诸实施。整体而言，"合同化的解决方案"[1]重新引起了兴趣。这无疑影响了前大学校长、现任内阁成员达尼埃尔·邦塞尔（Daniel Bancel）——即使只是间接影响，他在1988年8月写下了赢得内阁支持的备忘录。此外，在大学教育中，基于项目的多年财政预算并不是一件新鲜事，尽管并不总是被称为"合同"。将大学研究团队与国家研究组织结合在一起的四年期程序已经存在，关于对国家学位每四年一次的认证和上述那种四年期的研究合同也是如此。除了时间长度之外，这些安排与拟议的教育部—大学合同有一个共同点，它们都是基于或多或少通过谈判达成的协议，并将资金分配与有理有据的请求联系在一起。因此，对大学来说，大学合同仅仅被理解为多年资金的分配工具，并不是什么新鲜事。

---

1 这个术语，或皮埃尔·拉斯库姆（Pierre Lascoumes）和热罗姆·瓦吕（Jérôme Valluy）(1996) 翻译使用的"自愿公共协议"这一表述，没有"合同"一词那么含糊。从法律角度看，监管机构和大学之间没有合同，因此，与其说是通过合同，不如说是通过谈判达成了中期承诺。

应该补充的是，制定合同这一做法在政治上是一个令人满意的解决方案，或者借用彼得·霍尔（Peter A.Hall）的说法，是一个"政治上可行的"解决方案（Hall，1989）。它们在公众舆论和大学学术界都很受欢迎：宣布大学的自主权将得到加强，教育部将与大学对补充资金分配进行协商，这不会让任何人上街抗议。这一解决方案对政府来说也是可以接受的。合同的想法特别符合罗卡尔的国家改革理念[1]。更广泛地说，这个想法与当时的法国民主劳工联合会（CFDT）以及高等教育的全国教育工会—法国民主劳工联合会（SGEN-CFDT）中关于如何实现变革的概念很一致，也符合社会党的理解。尽管只是传闻，但也应谨记，在1981年4月23日《世界报》发表的一篇采访中，总统候选人密特朗曾申明："在一个民主国家，通过合同而不是法令来改变社会是更有效和更令人满意的。"[2] 正如四年期研究合同的例子所示（在密特朗的第一个七年任期内引入），或如1984年的《萨瓦里法》明确使用了"合同化"的概念（第三章，第20条）所示，或如国家与地区的合同、国家与中等规模的城市的合同，以及国家与工业的"环境契约"的发展所示（Lascoumes，1994；Lascoumes et Valluy，1996），合同工具已经

---

1 正如菲利普·贝兹（Philippe Bezes）所解释的（2001年），米歇尔·罗卡尔（1985）支持合同关系的想法。"更少的法律，更多的合同；更少的监督和控制安排，更多的责任——如果我们要把现代化和团结结合起来，这就是必须达到的平衡。"（在1984年图卢兹大会上的讲话）

2 密特朗指的是米歇尔·克罗齐耶（Michel Crozier）1979年的作品《通过法令改变不了社会》（*On ne change pas la société par décret*）。

在多个场合被调动起来（Gaudin，1996，1999）。

合同解决方案的另一个好处是它不会引起政治反对派的负面反应。与国有化和私有化不同，合同并没有因政治路线而产生分歧，而是达成了共识——尽管这种共识更多是表面的，而不是真实的，这部分源自这个概念的模糊性（Favereau, Lascoumes, Musselin et Berrivin，1996）。实际上，合同的概念可被用于两种相互矛盾的自由修辞学。合同既可以被看作是划分互惠关系的手段，也可以被看作是谈判的安全空间。此外，这个概念既可以因为它的"社会"美德而得到支持——当被表述为一种建立协议的工具时，也可因为它的"经济"美德而得到支持——当被理解为一种市场工具，一种组织和市场之间的中介层次时[1]（Williamson，1975；Laffont et Tirole，1993）。

因此，合同在政治上更容易被接受，而且是一个普遍值得信赖的解决方案，因为它具有极大的丰富性和多样性，每个人都可以在其中看到他们选择看到的东西。

---

[1] 皮埃尔·穆勒经常说，教育部的合同政策反映了高等教育部门的基准与市场整体、基准之间的调整，我不同意这个观点。诚然，"合同"是经济词语，但在大学部门形成的合同"教义"并不涉及或反映市场逻辑。这个争论点反映了整体参照系概念的一个问题（Jobert et Muller，1987）。它可以成为一个不加区分的包罗万象的概念。例如，可以说大学预算合理化的努力进一步证明了市场逻辑的影响，但二十多年前同样的现象会被认为是符合现代化的整体参照框架。反过来说，农业政策在20世纪60年代的转变也并非与市场框架格格不入：促进更大规模的农场和更广泛的农业发展是国家现代化框架的一部分，还是市场框架的一部分？

第二部分 大学的时代

二、合同：一个普遍有效的解决方案？

该政策的政治可行性解释了为什么它没有引起争议、为什么会被选中，但这并不足以保证该政策可以成功实施，也不足以解释其影响力。对某项改革原则的坚持并不能保证相应改革的成功，第三共和国改革的例子就清楚地说明了这一点。合同政策的影响是否可以归因于这样一个事实，即合同是一种可行的和有效的政治解决方案，是一种本身就能带来变革的工具。下面的几个理由解释了对这一说法的质疑。

首先，合同被赋予了极其广泛的目标。我对1988年8月至1989年底的教育部内部备忘录、官方讲话和指令的分析[1]表明，制定合同这一做法[2]不是作为某种解决方案，而是作为一种能够治愈所有弊病的解决方案被提出的。最常见的论点可总结如下：高等教育正面临着一系列特殊的挑战——"越来越多的Bac学位持有者、对高水平知识的需求、干部和教师的培训、欧盟的高等教育水平、国际研究、在区域发展中发挥作用"[3]，成功应对这些挑战的唯一途径就是实施合同政策。合同被认为是一种灵丹妙药，是一种神奇的治疗方法，病人要相信对大学教育的弊病诊断、预期的总体发展和解决方案是相关联的。事实上，没有人能解释为什么教育部和大学

---

[1] 受访者向我提供的文件。
[2] 在实施"大学2000计划"时，也调动了合同解决方案（参见Baraize, 1996）。
[3] 摘自1989年11月为"大学顾问"制定的备忘录，即由教育部任命的大学学者，帮助一组大学准备它们的合同。

之间的合同关系会有可能有效地应对所确定的挑战；通过合同管理资金分配与法国大学成功应对已知挑战之间存在因果关系，这一反复被强调但从未被证实的说法证明了合同政策的合理性。

其次，对合同有效性的信心更多是基于对原则的遵守，而不是经验性的证据。因为合同确实是"灵丹妙药"，那么，我们是否可以说，教育部押注于合同就是正确的？对几个公共部门合同政策实施后的评估[1]，让我们有充分的理由怀疑。虽然这些不同的实验有非常相似的目标——强化中间层次和"指导"者的权力，改变"中心—外围"关系的内容和性质[2]，修改资金分配的标准[3]——但结果是好坏参半，在某些情况下，合同甚至产生了截然相反的结果，如强化了"中心—外围"关系，僵化了资金分配的过程等[4]。正如我们当时得出的结论（Berrivin et Musselin，1996），制定合同本身并不是一个自动有效的解决方案，原因有三。

第一，制定合同是一个脆弱的程序。由于涉及一连串受规则约束的相互依存的动作，它有可能失去动力；必须更新激励措施以保

---

1 参见雷诺·贝里万（Renaud Berrivin）对公共工程部和 EDF-GDF（法国电力公司-法国天然气公司，国有公用事业公司）的详细的比较分析（1995），以及我们对公共工程和高等教育的比较研究（Berrivin et Musselin，1996）。对法国电信公司两个运营部门的简短研究（Musselin，1992）的结果证实了三个更详细的案例研究的结论。

2 关于这一点，可参见舍瓦耶有关大学教育的研究（Chevaillier，1998）。

3 大学合同政策的目的是使获得较少资金的大学能够赶上获得较多资金的大学，以减少法国各地区之间的结构不平衡。在启动合同政策时强调了后一个问题：决定了第一拨合同将针对北部和西部的大学，这些地区的高等教育入学率相对较低，大学往往资金不足。

4 更详细的介绍，见 Berrivin，1995。

障程序的可持续性[1]。此外，合同还面临着过度形式化或标准化的问题，而监管当局总采取这种方式来使其稳定。合同所需的互惠信任关系的淡化，这种关系受到政治不稳定的威胁，而且没有任何第三方担保人的保证[2]。另外，制定合同对启动程序的人有很高的要求。转变监督机构和被监督单位之间的关系，不仅需要改变后者的运作方式，还要求监督机构要适应合同工具的要求（发展新的技能和职能，在曾经高度分割的部门之间建立新的合作模式等）。因此，合同对中央部门产生了一种回旋效应，这种效应在很大程度上被中央部门自己低估了，它们并不总是能够很好地处理。

第二，合同实践涉及两种相互矛盾的管理模式：一种是集中化的干预模式，监督机构是这种政策的发起者，没有遵循国家脱钩的逻辑，而是旨在更好地控制局势；另一种是差异化模式，教育部开始更有效地考虑当地环境的多样性。这两种管理模式同时存在，且在它们之间形成了一种张力。因此，合同实践所提出的问题，与其说是如何"有法或无法可依"[3]（法律）地引导公共行动，不如说是应该使用何种类型或级别的法律（或规则），以便在维持一个共同的、由中心决定的框架的同时，可以包容多样性。

---

1 在最近的一次座谈会上，一位前大学校长提出了激发行动者和组织机构来准备第三个四年期合同所面临的困难，并大声问道：什么可以推动这一进程？他的问题提醒我们，这种合同的主要意义不在于最终产生的文件，而在于产生这种文件的集体参与过程。合同与其说是（管理）工具，不如说是内部杠杆。
2 例如，谁有资格迫使教育部履行其承诺？
3 帕特里斯·迪朗（Patrice Duran）1993年文章的标题：《指导公共行动，无论有无法律？》(《Piloter l'action publique, avec ou sans le droit ?》)。

第三点，也是前两点的结果，合同是一个"空壳"，其内容和意义首先取决于执行者对其进行塑造并将其转化为运营原则的方式。这就是为什么审查这个过程是至关重要的。与其说是工具问题，不如说是如何将合同投入使用的问题。换句话说，现在的问题不是教育部为什么选择使用合同，而是在这个特定情况下，为什么是这项政策给教育部的管理模式带来了持久的变化[1]。

第三节 教育部内部的权力关系与意义

合同政策对大学教育的主要影响之一是将"大学"层面引入教育部的管理模式。中央行政部门内部权力平衡的自愿性转变促进了这一点。但正如我们将看到的，这种转变本身并不足以解释合同政策的影响。

一、1989—1991：由高等教育局负责的学科管理被置于由大学规划与发展局负责的学校管理之外

1988年8月，利昂内尔·若斯潘与他的内阁举行了一次被称为"讨论会"的集思广益的会议，达尼埃尔·邦塞尔关于推行合同做法的想法得到了批准。部里的特别顾问克洛德·阿莱格尔随后接

---

[1] 我不打算讨论作为公共行动现代化工具的合同政策如何在法国受到青睐这一极有趣的问题，因为，如果我们相信菲利普·德·伊里瓦内（Philippe d'Iribarne）(1989)的说法，法国遵循的是非合同传统。

手了将教育部与大学的合同转化为现实的工作。他首先成立了一个特别工作组,然后制定了一份关于合同政策蓝图的指令:每所大学都要分析其现有状况(这被称为"现状分析"),并制订一份四年期发展规划,这份规划将作为大学校长和教育部之间谈判的基础。同时,阿莱格尔发起了倡议,让大家围绕如何建立一个新的结构、一个新的局来重组中央行政部门,以实施教育部的新项目,包括大学合同、"大学 2000 计划"和普遍加薪等。1989 年 5 月,这个准备阶段结束了;指令公布后,中央行政部门被重组。阿莱格尔完成了他的政治创业者的角色(Padioleau, 1982),离开了教育部。从那时起,大学合同就不仅仅是内阁的事情了。

教育部的重组深刻地改变了内部权力的平衡。设立的部门"大学规划与发展局"(DPDU)加入到了三个"经典"部门序列中:高等教育局(DESUP)、高等教育人事局(DPES)、研究与博士生院局(DRED)。DPDU 则负责以上三个部门管辖之外的工作,包括预算、大学校舍建设和大学学区规划。同时,它还被赋予了一些以前不存在的任务,例如"大学 2000 计划"、教育部与大学的合同。这是第一次由一个教育部的部门完全致力于大学的管理工作[1]。因此,所有的事情都明确围绕 DPDU 展开,虽然它不具备首脑部门(总局)的职能或地位[2],却承担了最重要的职能,因此,它处于许

---

1 此后,中央行政部门进行了几次改组,DPDU 也消失了。不过,从那时起,组织结构图中一直包括一个专门管理大学的服务部门/局。
2 事实上,没有一个部门主管。作为内阁成员和部长的特别顾问,克洛德·阿莱格尔负责部门间的合作。

多不同业务开展的交汇点，负责协调工作。这个强大的新部门的设立削弱了一直处于高等教育中央管理核心的 DESUP。令 DESUP 非常不满的是，它现在被剥夺了权力，被砍掉了某些"肢体"[1]：

> 他们必须克服阻力，但……总的说来，法国国家行政学院的毕业生是国家的好仆人，他们超越了自己的意识形态。不过，这个部门（DESUP）曾经很大。它有窗口（酌情分配一些具体的预算资金），但这种权力现在归 DPDU 了。所以，在人们看来……你可以从空气中嗅到它。阿莱格尔意识到了这一点。在这个部门中存在着巨大的伤口，阿莱格尔知道这一点。（一位 DESUP 主任）

教育部结构重组的同时还进行了彻底的人员调整。任命新的部门主任是标准做法[2]，在一个像教育这样对政治权力更迭很敏感

---

[1] DESUP 的官方权力，即对高等教育第三学段课程的认证被移交给了 DRED；大学发展的规划任务被移交给了 DPDU；认证决定现在必须被纳入合同，由 DPDU 控制；某些预算项目部分曾由 DESUP 各局掌握——克洛德·阿莱格尔批评这种做法使 DESUP 相当于一个福利服务窗口，现在被取消了，以便将所有预算决策权集中到 DPDU。

[2] 波城大学的前校长弗兰克·梅塔斯（Franck Métras）成为 DESUP 的主任；格勒诺布尔学院的前校长阿尔芒·弗雷蒙（Armand Frémont）成为 DPDU 的主任；教育部长萨瓦里的前内阁主任贝尔纳·加索尔（Bernard Gasol）接管了 DPES，而克洛德·阿莱格尔在地球物理研究所的同事樊尚·库尔蒂约（Vincent Courtillot）则接手了 DRED。除了库尔蒂约之外，阿莱格尔从未与任何一位新主任合作过，他们也不认识对方。

的部门，改变组织结构图也是如此[1]。我们也不必纠结于这样一个事实：像他们的大多数前任一样，新的部门主任都拥有学术或研究背景。其他的制度安排[2]更不寻常，值得更多关注。DPDU 的成立及其新任务实际上是一个引入新鲜血液的机会。当然，一些 DPDU 的人员来自 DESUP 已解散的办公室，但新的职能也意味着新的招聘。第一任 DPDU 主任阿尔芒·弗雷蒙召集了他在格勒诺布尔学院（académie of Grenoble）任院长时已经合作过或认识的人。到 1989 年 9 月，第一个团队已经就位，并准备好开展第一拨的合同管理工作。后来，这个团队又以同样的方式进行了规模扩展：那些在职人员召集了他们认识的人。新的人员被期望相信新的计划并共享其背后的精神。

因此，从一开始，DPDU 就处于一个强有力的地位。其成员很快就组成了一个团队，他们把自己当作合同政策的不屈不挠的支持者和发言人。他们的凝聚力是其他部门无法比拟的。此外，DPDU 的官方权力使 DESUP 处于一种依附地位。在新的、创新的任务中，DPDU 是中心，既是观察者又是试点（正如 1989 年 5 月在该部门正式成立后几天举行的内部研讨会的个人笔记中所示），这一事实进一步激怒了其他部门：

---

1 在 1981 年、1986 年和 1988 年的选举之后，工业和公共工程等部门的行政干部的人事变动相当有限，而在文化和教育部门则很广泛（Lochak，1986，1992）。
2 "制度安排"是玛格丽特·韦尔（Margaret Weir）用来指"一个部委内部招聘的可能性，雇用非典型或相反，雇用极其符合模式的个人的可能性，晋升标准以及等级制度的或多或少的限制性"（1989：59）的通用术语。

DPDU 就建筑混凝土和资金进行了谈判。它们有大学顾问做联络工作，所以大学觉得（DPDU）会更好地照顾它们。同时，DESUP 的作用是介入，通过专家组和高等教育与研究国家委员会（CNESER）的决策，阻止事情顺利进行。它们（大学）会提出一个课程组合，我们的回答是："不，它没有足够的潜力。"DPDU 对其他部门有明确的霸权意图……显然，它是策划一切的部门，而其他部门有自己的领域需要管理，顾问的作用是在现场。（DESUP）

DPDU-DESUP 的权力重组在这两个部门之间产生了很大的张力[1]。在教学顾问（按学科分组的学术专家，负责审查认证申请）和大学顾问（大学顾问，也是学者，但按地理区域组织，负责推动合同进程）之间重新分配官方权力，带来了许多调整，而所有这些都有利于 DPDU[2]。这两个部门之间最尖锐的冲突[3]涉及基于学科的认证和大学合同之间的配合问题。首先，在工作安排方面，以学科为重点的课程认证专家评估活动必须与整个大学的合同谈判相

---

1 这从未影响到被称为"四个火枪手"的四位局长之间的良好关系。
2 在 1990 年 2 月 15 日和 16 日举行的一次"研讨会"之后，题为"合同政策和顾问的作用"的个人笔记再次明确了每个人的作用。其中记录着大学顾问的任务是帮助大学反思它们现在和未来的情况，建议将具体要点告知教学顾问。对于专家评估阶段，文件明确指出，"DPDU 将在幕后"，"大学顾问在这个阶段的作用是与大学机构保持联系"。
3 在此不过度展开，DPDU 和 DRED 在所有方面都互不相干，DPES 仍然不涉及合同政策。

第二部分 大学的时代

配合。这给 DESUP 带来的技术问题比 DPDU 要多。它需要遵循一些规范的认证程序：向技术委员会提交是否符合规范的建议，获得 CNESER 的批准等。而 DPDU 的合同程序则没有这些限制，它没有那么正式，也没有那么依赖固定的监管框架。这也是两个机构之间紧张关系的一个来源：DESUP 认为 DPDU 的做法不严谨，而 DPDU 则认为它更注重内容而非形式。

最后，还有一个标准排名的问题。和过去一样，DESUP 负责对教育的基本内容进行专家评估，这部分任务由教学顾问和专家负责。此外，还要核查内容是否符合国家标准，这部分任务由部门行政人员负责。另一方面，对于 DPDU 来说，一个"好"合同应重视大学共同的项目和一所大学产生的集体想法。一个认证申请可能会因为不符合国家标准而被 DESUP 拒绝，却能得到 DPDU 的支持，因为它是该大学项目的一部分或是能满足当地发展的需要。由于 DPDU 是合同的签署者，拥有最终的决定权，这意味着它经常设法将自己的立场强加给 DESUP：

> DESUP 在没有实质意义的规范上完全过了头，所以我说："听着，我们根本不在乎你的认证。"我们设立了一个文学和语言的本科学位，因为它与职位空缺相一致，也因为该地区需要初中教师。这是合同的一部分，但这一学位的认证条件可能与国家规范标准不一致。我们可以说这是一个实验项目，尽管它在 DESUP "躺"了三个月，但最终还是通过了。（一个 DPDU 的大学顾问）

显然，中央行政部门内部权力平衡的改变，官方权力和资源从一个部门转移到另一个部门，或者说从一个程序（学习项目认证）转移到另一个程序（大学合同谈判），是使大学从整体层面渗透到教育部实践的原因。若斯潘与阿莱格尔有长达四年的权力合作，这一合作时限也几乎创下了国民教育部的记录，为大学层面建立了一个稳固的立足点。

二、大学规划与发展局界定其"教义"

不过，大学规划与发展局（DPDU）对高等教育局（DESUP）的胜利不能归结为一个部门接管了另一个部门的权力，还与合同政策的推动者所发展的"教义"有关[1]。在这一时期，DESUP不仅受到其依附地位和资金短缺的影响，而且受到思想匮乏、目的缺乏和合法性缺失的影响。这两个部门之间存在着严重的规范性失衡。DESUP的成员在一种概念上的空白中行事，继续着以前的做法，而未尝试证明其做法的合理性或为自己赢得合法地位。因此，他们反对DPDU的努力基本上是功利性的，目的是弱化DPDU的控制，重新夺回失去的地位，维护自身的利益。他们也因此受到了DPDU成员的批评，被指责不关心什么是对大学有益的。事实上，DESUP内部缺乏反对的话语，使人们特别容易将该部门成员的行为解读为纯工具性的行为。与其说DESUP发展了一个与DPDU相反的大

---

[1] 我在这里使用了"教义"这个词，因为它是合同化参与者使用的术语，尽管这个词意味着一种既定的、僵化的方法。

学教育愿景，不如说 DESUP 在实践中通过调动物质的、组织的和监管的资源来抵制 DPDU [1]。

在这一时期，DPDU 的发展故事则是完全不同的。在这里，该部门的工作人员也致力于捍卫自己的利益和新领地，并采取了同样的战略方针。但与此同时，他们也在积极参与创造意义、界定实践和程序并使之合法化、构建参照点，以及更广泛地发展对大学角色的新表述。因此，DPDU 的核心地位得益于其成员在发展所谓的"合同化理论"方面的大量投入，而在这一领域，没有来自其他部门的竞争。DPDU 和 DESUP 之间的地盘争夺战很激烈，但说穿了，这从来都不是一场学科支持者和大学支持者之间的意识形态的斗争。由于缺乏系统的反驳意见，DPDU 处于垄断地位 [2]。

两个因素促进了 DPDU 内部"教义"的发展。首先，该部门实际上有一块处女地可供开垦，或者说，有一块空地可供建设。合同政策不是任何预先存在的大学教育理论的产物，这里的"行动参考系统"还有待发明。其次，当阿莱格尔在 1989 年将新部门的缰

---

1 DESUP 缺乏话语权，这点也许可以通过如下事实来理解：使实践明确化和合法化的工作，即尼尔斯·布伦松（Nils Brunsson）（1993）所说的"辩解"，是有时间限制的行动。虽然在引入新的实践时，它可能是核心，但一旦被制度化，实践和其理由之间的联系就会变得松弛，行为者也就难以察觉。发展一种有利于基于学科的管理的论述，其前提条件是 DESUP 的成员与自身的实践有足够的距离，可以发现或重新发现其中的意义，而这些意义由于过于隐晦而变得无影无踪了。

2 如果我们考虑到所有通过重组从 DESUP 转到 DPDU 的人员都相当轻易地采用了 DPDU 的"教义"，那么没有任何反对"教义"的理论就显得尤为令人担忧了。他们并不觉得自己为了玩"合同化"游戏而放弃了自己的信仰，因为在某种程度上，已经没有一个明确的"思想库"可以让他们坚持或捍卫了。

绳交给行政部门时，这个系统仍然需要被构建。该指令只设定了一个非常笼统的时间表，许多问题仍未解决。什么是大学项目？一个好的项目包括哪些内容？对那些准备项目质量不达标（"坏"）的大学应该采取什么态度？在合同中是否应规定主题？为了回答这些问题，DPDU 的成员必须首先形成统一的观点，然后向大学说明其期望，制定游戏规则。因此，其教义是非常务实的：必须建立程序、制定时间表、划定地理区域、界定责任等。在不反对任何事物的情况下[1]，这项工作是一个开放的、试错[2]、寻求解决方案的过程，包括信息的传播和交流。DPDU 从一些想法出发在推进过程中逐步得到澄清和发展：

> 出发时，我们只有一个指南针。在研讨会上，我们确定了几个主要方向：1. 现代化的大学管理是第一个也是最紧迫的问题；2. 还要考虑到全球化，并建立一个长期的系统，承诺至少提供两年甚至四年的工作岗位和资金。我们有几个目标，必须对我们的活动有一个预测……对于第一拨大学和北部、西部的大学，我们并不知道要怎么做，完

---

1 例如，它不是在对另一种整体方法的反应中构建的，这与菲利普·乌尔法利诺（Philippe Urfalino）所展示的文化之家（1993）相反，其原则是与城镇协会的愿望相对立的。
2 与雷诺·贝里万（1995）为公共工程部所描述的情况相反，它也不是通过在中心和外围之间的来回运动而构建的。中心将主动权留给了大学，而它则引导着整个过程。

第二部分 大学的时代

全是即兴创作。我们关心的是它是否有效,以及校长们是否签字。(DPDU)

这种渐进式的实施过程产生了临时评估,使教育部的工作人员能以所获经验为基础一步步地选择方案。此外,确定这些做法的同时,还要确保它们相互之间的一致性,并寻求其合法性。例如,在签订第一批合同时,DPDU求助前大学校长和副校长,建立了一个大学顾问小组。这种功能以前从未存在过。在此之前,与教育部合作的学术界人士都是代表某个学科进行干预,通过发表意见来发挥其在项目方面的专长。而这一次,顾问们必须介入一个特定的地理区域,而不是一个学科领域,不是对现有项目提供专家意见,而是帮助大学准备合同。他们的任务不是一开始就确定的,而是逐渐完善的。大学顾问会定期开会[1],思考和反思他们的做法,交流经验,介绍在"他们的"大学中发现的创新,总结取得的进展:

> 每两个星期我们见一次面,召开为期一天的工作会议。这对了解每个机构非常好,因为我们来自不同的大学、不同的学科。这一点非常重要。(大学顾问)

这些会议的目的既是传播信息,使所制定的程序正式化,也是明确机构顾问的行动理念和对大学采取的行为,确定哪些"符合"

---

[1] 这些会议致力于培训未来的大学顾问,他们将被称为"驾驶火车的人"。它们还加强了现有顾问之间的联系,巩固和传播了知识,并帮助协调实践。

合同政策的精神,哪些不符合。

然而,"教义"不能简化为操作安排和行动原则的正式化,它也促进了对合同化本身更广泛的思考。合同不仅仅是在固定标准的基础上对大部分资金进行分配、在谈判和选择的基础上分配补充资金的手段[1],DPDU 的成员还赋予其更大的目标,即促使各个大学开展更多集体的、战略性的和更具前瞻性的活动。在大学里进行的对合同的构思、准备过程和谈判过程总是被认为比合同本身或其内容更重要。这点有重要的证据:一方面,为了优先考虑学习方面,DPDU 甚至也会与项目不尽如人意的大学签订合同;另一方面,相对来说,对评估合同的执行情况的重视程度较低。第一批合同中没有说明如何跟进或执行合同。这并不是说 DPDU 的成员忘记了评估问题(事实上,在服务级别的备忘录中提及了评估问题),而是这方面似乎没有促进大学内部的集体活力更重要。出于这个原因,至少在合同政策实施最初的几年里,有必要避免做任何可能将合同转化为单纯的管理工具的事情。最后,对合同内容的框架没有给予太多的关注。大学在项目主题选择方面有很大的自由度[2]。对于 DPDU 来说,关键是要在各个大学内部形成一种集体的活力,

---

[1] 当时,合同规定的资金约占业务预算的 5%(不包括工资),并包括岗位设置。
[2] 1989 年 10 月的一份文件被作为与西部、西北部大学会晤的基础,其中提出了以下问题或主题:"对大学的优势和劣势进行现实的评估""反思如何接收 Bac 学位持有者和高等教育第一阶段的学生""将大学项目融入该地区:教育项目的相关性、与职业环境的联系、与当地社区的关系""对到 2000 年培训 30 万名新教师的需求做出回应""预测学术和非学术人员需求的政策""关于学生生活和学习条件的行动"。

第二部分 大学的时代

能够"分析现有的情况",确定优先事项,并成功地起草一个共同的项目,而不是大学各教育与研究单位(UFR)各自项目的总和:

> 当我到达时,(大学)没有指标。我们尝试过一两次,但很快我们就合理化了,说这不值得。我们因没有检查资金是否确实用于这个或那个预计的项目而遭到批评,但坦率地说,我们并不关心教育部分配的 50,000(法郎)中是否只有 20,000(法郎)用于这个或那个行动。这似乎是一件令人震惊的事情,但实际上,合同并不重要。最重要的,也是开始工作的必要条件,是在教育部和大学之间建立起一种信任关系。(DPDU)

因此,对合同政策的理解有几个层次。它可以被看作是一组相互配合而不是相互排斥的盒子,有点像俄罗斯的套娃。从最狭义的角度来看,它是一份正式确定中央行政部门和个别大学之间谈判结果的文件。从更广泛的角度来看,它是一个分配补充资金的工具,以纠正基于标准分配的机械效应,并矫正各大学之间的预算平衡,同时也是推动大学从中期战略的角度思考问题并对其机构进行更具前瞻性管理的一种方式。最后,这也是为了增强大学的集体性的动力,促使它们利用自己拥有的一定程度的自主权强化其身份。

因此,围绕着阿尔芒·弗雷蒙发展起来的 DPDU 团队将原来的程序和正式安排转变为行动原则,更广泛地说,是对大学的高度期望。该教义最终"溢出"了合同政策。它不仅建立了教育部—大学合同的行动哲学，而且成为大学新代表的载体。大学必须成为自身发展的参与者，不仅在起草合同时，而且是在每份文件签署后的四年中。该"教义"所涉及的范围极其广泛，这点可以从DPDU的扩展活动中看出；它开始为大学提供"服务"[1]了，不再狭隘地关注合同，而是更多地关注大学的日常管理，其目的是发展大学的技术能力，并鼓励大学投资通常认为超出其能力的事务。

这些行动不仅质疑了大学的普遍代表性，也质疑了作为监管者的教育部的作用。与其说这些行动是传播教育部"好评"的手段，不如说是关注大学正在进行的现有实验，并由它们在研讨会上进行介绍。教育部创造了这些交流的机会，并给它们起了个名字叫"互助互惠"，指的是有益地分享有用的经验，但并未对规范或解决方案做出规定。

总而言之，合同政策的实施和定义，以及正式化和合法化的工作产生了一个新的行动参考系统（Jobert et Muller, 1987），其中包含了一个关于教育部作用的新想法：更倾向于谈判和承认地方规范，使规范相互一致，而不是使其符合现有的国家标准。新的参考框架还包括对大学的地位和作用的新理念：大学必须既是政策制定的地方，又是整合和综合政策的层面，而且这些政策不再局限于教学和研究，还要涉及预算、人事管理、大学建筑和场地等。换句话

---

[1] 在1990—1991年，首次组织了关于非学术人员（工程师、行政人员、技术人员、工人和服务人员）管理的培训行动研讨会，第二年又组织了关于学生管理的研讨会。也是在1990—1991年，启动了关于大学一级管理问题的第一个交流系列，例如，财政资源的内部分配、非学术职位的分配标准、大学校舍的管理等。

说,必须在学校层面对各种目标进行权衡,实现方向与资源之间的匹配。

　　因此,合同政策有了新的内涵。它不再仅仅是中心和边缘之间的谈判程序,它已成为中心与边缘之间平衡的新表述,包含从国家到地方的转变、从教育部到大学的综合能力和整合能力的转移。合同改变了中央行政部门与大学之间的关系,重新平衡了这一关系,换句话说,它弱化了中心和边缘的概念,有利于教育部和自主权得到承认的参与者之间建立协商关系[1]。

第四节　1991年后:教育部内部监管重新达到平衡并与"教义"的传播和推广相结合

　　近十年之后,大学整体层面的逻辑仍然存在于教育部内部,该"教义"催生的概念和方法仍然存在,并且获得了更广泛的认同。然而,DPDU的黄金时代在1992年开始走到尽头,该部门本身也在1993年消失了。各个"学科"虽然利用这一机会收复失地,但并没能推翻大学的逻辑。

一、重新平衡

　　1991年底,高等教育局(DESUP)和大学规划与发展局(DPDU)

---

[1] 迪朗的定义在这里很适用:"合同标志着参与者之间相对平衡的关系使他们成为合作伙伴。"(1999:163)

的负责人相继离职，中央部门的任务被重新定义了，DPDU 的权力开始被削弱。达尼埃尔·布洛克（Daniel Bloch）取代了弗兰克·梅特拉斯（Franck Métras）担任（DESUP）主任；罗兰·佩莱（Roland Peylet）取代了阿尔芒·弗雷蒙担任（DPDU）主任。最高层的变化为重新分配官方权力和责任提供了机会。DESUP 重新夺回了一些预算权力，并可以再次坚持合同中没有规定的"教学"选择。许多争斗都是围绕着专业大学学院（IUP）展开的，并且这一次，DPDU 无法让内阁做出对其有利的仲裁了：

> 有一件事让我们感到震惊，那就是 IUP 和 IUP 的资金。在没有征询我们的意见的情况下，（DESUP）就设立了一个特别的 IUP 资金窗口。在巴黎综合理工学院[X]有一个——因与当地工商会之间存在问题，它建立起来并不容易。但有一天，他们低头一看，脚下就有了甘露，就这样！它扭曲了一切。那真的是一个艰难的时期。（大学顾问）

在这一时期，DESUP 又可以与 DPDU 抗衡了，它可以在没有得到对手部门批准的情况下做出决定，并通过这种"服务窗口"吸引大学。此外，DESUP 的新主任成了一项新的教育政策的发言人，虽然该政策不像 DPDU 的"教义"那样影响深远，却引入了一种制衡的力量。从 1991 年底开始，认证与合同之间的不平衡，以及认证对合同的从属关系开始减弱了。

第二部分 大学的时代

这一情况在密特朗和巴拉迪尔（Balladur）共治时期仍在继续。DPDU 被废除，取而代之的是一个权力和责任都被削弱的大学服务机构，隶属于高等教育总局（DGES）。各个学科开始收复大片的失地。大学的教育与研究单位（UFR）主任再次有机会接触教育部（1989 年后一直保留给大学校长[1]，以显示对大学的优先考虑），而且现在每所大学不再只有一个大学顾问，而是被分配了几个顾问，以代表不同学科的敏感性。

负责合同的部门和负责认证的部门之间的调整并不是唯一的变化。合同政策本身也陷入了困境。从 1991 年开始，经济环境发生了变化，危机明显加深；跟前几年相比，教育部的预算分配变得更不利于大学。这削弱了合同政策。大学校长们开始对国家是否会履行其承诺表示担忧。1993 年立法选举后，情况更加恶化，因为巴拉迪尔政府宣布的预算紧缩和高等教育预算增长率的急剧放缓，加剧了人们对教育部的承诺会被下调的担忧。对合同的信心被动摇了，这一点从 1994 年在各大学进行的调查中很容易感受到（Lipiansky et Musselin, 1995）。削减预算的前景是痛苦的，然后事情终于还是发生了：在财政部的压力下，合同不再包括四年的职位承诺。现在只有 5% 的运营预算可以进行谈判，这使得该政策对大学的吸引力大大降低。

最后，在教育部内部，合同政策失去了其部分本质。质量目标变成了次要的，而合同作为"管理工具"这一特征得到了加强。在

---

[1] 这曾经是标记给予机构优先权的一种方式。

这一时期，该"教义"并没有发生变化。1993年后，合同不再像以前那样对建议起推动作用了，因此，1994年，人们共同感到第二代合同开始类似于标准的行政程序了，合同正在成为一种谈判预算的工具，而不是增强大学集体活力的杠杆。教育部发给大学的文件更标准化了，这就说明了这一点。

二、"教义"的传播

然而，如果由此得出结论，认为合同政策经历了与上述三种实验相同的命运，那就错了。它确实失去了地位，但它并没有消失；它不再是中心，但也没有被边缘化；它在不断发展，并没有脱离轨道。也就是说，虽然它没有阻止认证程序在教育部内再次占有一席之地，但它没有被该程序吞噬。学科逻辑和大学的整体逻辑现在必须共存，与1988年以前的情况相比，这是一个真正的变化。

事实上，合同的范围已经扩大。现在，高达10%的运营预算可供谈判，此外，自20世纪90年代中期以来，四年期研究和大学合同不再单独管理，而是融合在一份合同中一起谈判。大学生活的各个方面——教学方式和方法、研究工作、管理、运营——都经常性地会在一组同时进行的谈判中予以解决。当然，合同的准备仍然是基于以学科为重点的评估工作，以认证学习课程或研究项目，但这些评估与其他需求相结合时需考虑大学内的整体一致性。这一政策以这样或那样的形式维持了十几年，经历了许多起伏，最近又重新推出了一个强有力的版本[1]，证明了这一做法的制度化。

但是，这一乍一看无伤大雅、平平无奇、没有任何吸引媒体关注的设置，却被植入了教育部。它还推动了法国大学系统的深刻变革，给学院主导的观念带来了决定性的打击。当然，合同政策并没有完全取代这些观念，因此，我们不能说这是一场革命，但这种变化是不可否认的。在20世纪90年代末，教育部的监管方式虽然不是1988年的情况的对立面，但也不再相同了。尽管目前的管理模式反映出在遵循学科标准的行动和纳入更多机构要求的行动之间，仍在就平衡问题进行谈判，但在此之前一直属于中央行政部门的话语和表述已获得了合法性并被纳入其中。因此，合同政策的故事和历史是一个内部斗争的过程。在三年的时间里，学科逻辑重新获得了地位，但再未恢复其以前的垄断地位了。

在"学科"和"大学机构整体"之间的斗争中，两个概念是对立的。一种是学科性的和协同性的，旨在保证国家学位在全国范围内的首要地位，并将其作为向大学分配资金的基础；另一种是对大学的特殊性更加敏感，提倡一种不那么依赖国家规范的管理方式，同时将资金分配与国家学位不那么直接地挂钩。一个仍然忠于统一

---

[1] 克洛德·阿莱格尔在1998年5月22日给大学校长和学区长的信中明确宣布了这个目标。"每四年一次的（合同）谈判是一个特殊的时刻：大学项目和国家政策可以并列和比较；关于大学版图和区域发展的想法可以进一步发展；与其他教育机构、研究组织、经济和文化参与者的合作政策可以重新焕发活力；大学的民主生活可以得到更新。"而且，他重申了中央行政部门需要而且应该直接关注的想法："我希望合同政策的实施也能为中央行政部门的方法创新提供机会：更多的灵活性，更紧密的合作，与该领域的参与者有更多的接触……"（1998）

第五章 教育部重新承认大学……

和平等的原则，另一个则承认多样性并接受差异。[1]此外，承认大学的趋势与中央集权模式的动摇是分不开的。合同政策受益于这种动荡。在高等教育大众化的第二波浪潮中引入的合同政策，很容易成为一种替代工具，因为它能更好地记录和应对正在发生的变化。合同化反过来又破坏了集中化、标准化的模式，促使大学提出自己的特点，制定自己的政策，并确定独创的四年期项目。大学没有广泛的回旋余地，它们必须将自己融入由教育部定义并合法化的总体政策框架中。但是，国家的管理方式已经发生了转变，从基于国家规范和规则的官僚主义、固守规则的监管模式转变为基于目标的监管模式，即由教育部制定包括总体方向和原则的主要目标，但由大学来决定次要目标并确定其中的优先次序。大学的异质性得到了承认，甚至得到了赞赏，尽管作为监管者的教育部也努力通过设定异质性的终点来限制其范围。

这一发展是可能的，因为大学应该成为更重要的行动者，应该在大学的整体层面上确定连贯的政策和具体的战略，并将其转化为

---

[1] 斗争是不可避免的，因为这两类逻辑"本质上"是不相容的。卡特琳·帕拉代斯（Catherine Paradeise）在指导 CNRS 的研究方面也得出了同样的结论。在目前的情况下，以学科为中心的逻辑和大学机构逻辑之间的矛盾回应了卡特琳·帕拉代斯所确定的社区监管和联合监管的标准理想之间的矛盾。在第一种模式中，人们理解为"没有任何外部机构有能力评估（科学共同体）的内容和项目，这些项目是以学科的形式建立的，具有自己的内部动力"（Paradeise, 1998: 215）。在第二种模式中，组织被赋予了在所建立的学科之间进行仲裁的角色，这些学科的要求并不都是"可以平等接受的"（1998: 221）。但正如作者所表明的，这两种理想类型在"内部经济""行动者的概念""通过授权信任的管理模式"，以及对资源的使用和给予"论证"的"地位"方面是相互对立的。它们永远不可能结合在一起，最多只能共存。

行动，这一想法在大学规划与发展局（DPDU）内部已经非常成熟，并已在教育部内扎根，但也蔓延到了教育部之外，这也解释了为什么它并没有随着DPDU的取消而消亡。事实上，随着这个想法被其他团体转述，它溢出了合同政策，并涵盖了"大学现代化"这一术语所提及的一整套倡议。20世纪90年代中期，合同经历了困难时期，"现代化和去集权化行动"成为在教育部内部传播这一概念的最活跃的载体之一。1997年，合同开始重新获得稳固的地位。但在教育部之外，例如在大学与机构管理信息化集团（GIGUE），也有非常类似的观点。GIGUE是由DPDU的前成员（包括若塞特·苏拉［Josette Soulas］和阿兰·阿贝卡西斯［Alain Abecassis］[1]）创建的，目的是让全法国的大学开始使用计算机管理程序，但它的运作逻辑与DPDU相似：计算机系统被同时视为一种技术工具和促进在大学内部开展更大、更雄心勃勃的变革的手段[2]。

在同一时期，从1993年贝尔纳·迪藏堡（Bernard Dizambourg）当选为第一副主席的两年任期开始[3]，大学校长会议（CPU）成为新参考体系的一个支持团体。迪藏堡沿着前任们制定的路线前进，

---

1 1993—1997年，若塞特·苏拉、阿兰·阿贝卡西斯和蒂埃里·马隆（Thierry Malon）共同领导GIGUE，同时继续担任各自的职务，苏拉在国家教育管理总局（IGAEN），阿贝卡西斯是大学校长会议的总代表，马隆是大学秘书长。1997年6月1日，GIGUE成为大学现代化机构，阿贝卡西斯成为主任，苏拉成为副主任。阿贝卡西斯于1998年6月离开后，苏拉担任该机构的主任。

2 GIGUE的编制预算和会计的新方法（Nabuco）改善了会计管理，但GIGUE的主管们也期望，引入这一工具既能迫使大学思考如何组织其财务和会计部门并在其中分配权力和责任，又能帮助他们制定大学预算和筹资政策。

3 根据法规，大学校长会议的主席由现任部长担任。

成功地让 CPU 的角色从"被动"转变为"主动",并使其成为教育部的相关对话者,更关注支持大学的提案。大学校长会议还塑造了一个更加积极主动的形象,更接近于管理者而不是"万事之首"。大学校长会议通过加强对教育部的游说作用和增加针对大学的活动,实现了角色的转变。这在一定程度上解释了为什么新的大学现代化机构会隶属于大学校长会议。这个机构的建立,反过来又扩大了 GIGUE 的任务,完全符合从合同政策中发展出来的"教义":这不仅因为这个机构背后的理念是前 DPDU 的成员所珍视和大力维护的,而且还因为它的使命是增强大学的实力。该机构旨在为大学提供服务,使它们能够发展自我管理的能力,制定和实施大学政策。此外,该机构的行动符合合同化对中心与外围关系的重新定义:它必须根据各机构制定的做法促进规范的出现,并宣传[1]它们的举措,但不能将标准和做法强加于人。因此,该机构的使命与从合同中发展出来的"教义"是一致的,同时在更强大、更自主的大学基础上加强了对大学教育的推广。

刚才所举的例子表明,取消 DPDU 并没有阻止 DPDU 所捍卫的理念的传播。这些理念和方法在其他地方以多种形式反弹回来。在合同政策的发展方式上,尤其是在其影响上,它与之前的三次实验有很大不同。在 1989 年之前,当教育部—大学合同政策启动时,没有一个完善的参考系统或传播中介团体的痕迹,相反,1993 年之后,我们可以发现一些在部内具有一致性并可在部外传播的新理

---

[1] 该机构的成员会说,这是一个互助互惠的问题,也就是说,使由某些机构发起的创新和经验得到展示和传播,并与其他机构分享。

第二部分 大学的时代

念。我们还可以识别出推动这些理念的行动者，他们在 DPDU 被废除和选择离职后，继续承担传播这些理念的任务并将其转化为其他形式的行动。这一政策之所以能够传播和扩大，不仅是因为它改变了作为监管部门的教育部的管理模式，还因为它的传播远远超出了部级框架，动员了中央行政部门，还渗透到了大学内部——我们在下一章即将看到这一点。

第六章
大学的出现

合同政策不仅改变了教育部的管理模式，而且还在大学内部推动了一种新活力的生成，即现在每所大学都在制定自己的政策，确定自己的项目，由大学的行动者集体决定发展的方向和优先事项。然而，在教育部管理模式中引入"大学整体"并没有机械地加强法国大学的治理。合同政策的成功[1]和持久性也归因于大学的反应能力，它们已准备好抓住这些机会。十年后，我们看到了明显的效果。

1998年，在四所大学进行的一项研究[2]（标有"大学治理调查"

---

1 合同所带来的物质激励促进了大学对政策的遵守。尽管如此，大多数大学并没有纯粹的功利性理由来承诺实行合同化，那些在合同化进程中表现得最有活力的大学并不是那些仅仅视合同为额外资金来源的机构（Lipiansky et Musselin，1995）。
2 大学现代化机构委托我们对四所大学的治理问题进行定性研究，这产生了一份比较研究报告（Mignot-Gérard et Musselin，1999）、一份发给37所大学的定量调查问卷。

的访谈摘录），以及三年前在另外三所大学进行的关于合同准备和谈判的研究[1]（标有"合同化评估调查"的摘录）结果呈现出两个明显的相关趋势：大学管理的合理化和专业化，以及更强的治理模式。

当然，这些结果只表明了总体趋势，但它们是基于对几所大学开展的详细研究的成果，因此比大多数公开发表的关于法国大学的声明、观点和一般立场都有更坚实、更合理的依据。[2]在此，不讨论大学之间可观察到的变化。这种差异反映了大学运营和管理模式中日益复杂的异质性，这种异质性无法用传统的因变量来解释，如规模、地理位置、现有学科、师生比例等，但在这种多样性之外，我们确实发现了上述两项调查中所呈现的不同大学的趋同化发展，这与我参与的关于十几所大学的学术招聘的联合研究的发现不谋而合。[3]总之，一般而言，法国大学（或者说是大多数大学）都在致力于组织层面的发展，我现在就介绍一下其特点。

---

1 1994年，在贝特朗·吉罗·德·艾因（Bertrand Girod de l'Ain）领导的高等教育和研究部预测部门的框架内，我们组织了一项关于三所大学的合同准备、谈判和后续工作的研究，主要包括七十多次访谈（Lipiansky et Musselin, 1995; Musslin, 1997a, 1997b）。

2 当我看到一位法国著名学者在所谓真实但往往是轶事的基础上对法国大学进行全面分析，并采取一种非常不科学的立场时，读者不应看到我在这里有任何的矫揉造作，而应只看到一点愤怒。我并不反对采取立场、为观点辩护或提出建议——恰恰相反，我反对的是把仍然是观点、立场或建议的事实说成是科学分析。

3 迄今为止，法国已经对这一问题进行了四项研究，其中关于国家大学委员会的历史和数学学科部门的研究各一项（Blanchet et Musselin, 1996; Hanin, 1996），两项研究分别是关于五所大学的历史专业委员会和另外五所大学的数学专业委员会的调查（Blangy et Musselin, 1996; de Oliveira, 1998）。

第二部分 大学的时代

第一节　大学承担起自我管理的工作

在20世纪60年代初的一部作品中,古斯多夫写道:"大学是一种奢侈品,肯定是所有奢侈品中最合法的形式之一……(它)没有特别的用途或目的,而是服务于其自身的目的,无论使其发挥作用的人多么平庸,它都会把人唤回人类的秩序中。"(Gusdorf, 1964:83)这些话可能会让一些人梦想成真——那些喜欢想象大学不对任何人负责的那个接近神话时代的人。当代大学的现实是完全不同的。随着大学教育的大众化,大学开始积极为经济领域培训技术工人,而且,作为行动者,大学越来越不能对其"产品"或社会需求漠不关心了。要求大学对其所做的事情负责可能会被认为是不公平或不合法的,但不可否认的是,要求它们这样做的压力已增加,大学的学者和行政人员对相关批评也不能无动于衷了。在这一点上,20世纪80年代初和今天有一个显著区别,现在的法国大学会越来越多地问这样的问题:"我们生产什么"和"我们应该做什么,如何做"。

具体来说,大学正在进入过去属于教育部职责范畴的两个领域,其中一个是数据和指标的生产。大学一直都必须提供这样的信息,但到目前为止,这主要是为了给中央行政部门提供信息,而不是生产一致性的数据和提高大学的自我认识[1]。另一个是大学一直在内部思考如何才能最好地使用其财政资源,而这个问题过去是由

---

[1] 机构当然可以自己使用数据,但汇编这些数据的目的并不是向机构提供有关自身的一致信息。

教育部、财政部代表（会计师）或另一个国家监督机构（税收法庭或国家教育管理督导局［IGAEN］）从控制的角度提出的。

一、信息的协调与技术工具的获取

来自外部的更大的问责压力本身并不能解释大学在过去十年中为提供关于自己的可靠信息所做的努力。在这里，合同化起到了关键作用。在准备第一份合同时，大多数大学发现缺乏所需的基本数据来进行自我分析，如建筑物的确切面积、非学术人员在大学各部门（UFR、公共行政服务部门等）之间的分配、学生的行政注册和课程注册人数等。因此，合同的准备就涉及收集信息和汇总的漫长过程。大学不得不参与此类信息的汇编工作。

> 我们已经很久没有清点过我们的物质遗产了。我们花了一年半的时间来做这件事，从那时起，我们给所有东西都贴上了标签。这很重要。正如会计解释的那样，它使我们能够计算出哪些过时的设备需要更换（一个UFR主任，合同化评估调查，1994）。

当大学意识到掌握的信息太少，缺乏可供进行回顾性评估或预测未来的数据时，便开始着手制定内部指标，引入管理监督方法，开发数据库（部分是通过大学生生活观察站展开的学生调查）等。在某些情况下，大学会雇用项目负责人来收集信息和定义指标。

这项工作也揭露了汇总和比较现有数据的困难，因为每个人都定义了自己的类别，运用的是自己的计算工具等，因此造成了某种不透明——要么是故意的，要么只是因为实践的多样性。为了使程序和技术手段合理化和协调化，大学做出了认真的努力。这在很大程度上促使大学购买由 GIGUE、后来的大学与机构现代化机构开发和销售的计算机管理应用程序（特别是用于会计和预算管理的 Nabuco 和用于学生管理的 Apogée。）

这些行动有三个结果。首先是提升了实践和工具的和谐度。各系和研究实验室往往各有资金和开支的监测方法；Nabuco 的推广旨在取代它们，并更快地产生更多、更精确的数据。这个程序还可以汇总各种数据，产生标准化的、综合的、可比较的信息。

其次，促使所有人的做法都更加透明化。例如，为了让 Apogée 生成一个计算学生成绩的模型，必须对测试学生知识的方式进行明确的审查和界定。因此，这个新的计算机程序需要将在此之前一直是非正式和可变的信息正式化。要么是因为软件的智能结构迫使它遵守共同的规则，禁止各方在此之前制定的安排——例如，Nabuco 程序严格遵循公共会计规则，除非输入了所需的一整套信息，否则某些交易无法记录。最后，要求所有大学的各部门遵循相同的计算规则，以此限制因使用特定的计算方法（可能是根据我们想要显示或隐藏的内容来定义）造成的差异，并允许进行比较。

正如可以预期的那样，并不是大学里的每个人都支持协调一致和提高透明度。这些举措如何被接受取决于行动者的期望是积极的还是消极的（Gueissaz，1999）。以 Apogée 项目为例，可以说行政人员和学者对它的反应截然不同。在我们研究观察的大学里，行政人员对该项目评价很高，积极参与项目的运作，并将其视为提升他们的工作效率和改善他们与学生的关系的一种手段；而教师们却对 Apogée 持批评态度，认为它没有考虑到每个学科专业的特殊性，固定和僵化了程序[1]，进而增加了教师的工作量[2]，并对教师实施有可行性的监督（通过跟踪和核实对教学时间的要求是否被满足）。这样的阻力并不令人惊讶。与其他组织一样，在大学中引入信息技术工具或创建数据意味着我们必须就最低限度的共同做法达成一致，并放弃以前存在的一些不透明性。参与者认为这些要求具有威胁性，各种类型的反对意见也因此形成：包括用手写或用单独的计算机程序保存平行的账簿；不完整地填写信息表[3]；少用计算机程序[4]。尽管如此，大学的参与者还是接受了实施共同的做法，使用相同的计算规则和类似的计算工具。这一转变是重大的，因为它迫使参与者把自己看作是一个更大的整体的组成部分。这种变化，无论是技术上的还是文化上的，都必须克服阻力，

---

1 为了用计算机程序 Apogée 来计算学生的成绩，有必要将计算平均分的模式"正规化"（某门课程的成绩数量，每个成绩的权重等），使其透明化，并在一段时间内停止修改。这与某些学习项目的做法背道而驰。在这些项目中，课业和评分规则很可能每年都会被审查和改变。
2 阿尔贝·格伊萨兹（Albert Gueissaz）指出（1997，1999），这导致了对教师和行政人员之间任务分工组织的质疑，这是紧张关系的另一来源。
3 关于其他组织引入信息化时出现的问题的分析，见 Francis Pavé, 1989。
4 例如，Nabuco 首先作为一种会计工具被认识和使用，尽管它被设想为一种制定预算政策的工具。

第二部分 大学的时代

但它有助于增进对预算和费用的了解和监督,并使编制以前无法获得的信息成为可能。总之,在大学引进和广泛使用管理信息系统这一做法正在取得成果。

这种变化的第三个结果涉及如何使用新数据。要衡量这些努力对内部态度和行为改变的力度还为时过早。但显然,它们已经对大学内部的财政资源的分配标准产生了影响。对现有数据的全面审查揭示了不同教育与研究单位(UFR)之间的差异,这改变了大学政策制定的论据(Merrien et Musselin, 1999)。一个大学内部的差异是显而易见的,而且可以量化,这些在许多情况下影响了合同准备中对优先事项的定义。在以后的决策中也明确使用了这些信息:

> 合同政策要求对许多事情进行全面审查,并使我们能够以不偏不倚的方式获得对各部门的了解。我们现在知道,法学院和我们都是有缺口的部门。每次创建新职位时,不是法学院就是我们,而且,合同规定我们有义务这样做,并发布出来。(一位 UFR 主任,合同化评估调查,1994)

二、正确使用资源

这些行动与"更好地"使用资源的努力相辅相成。同样地,在签订合同之前,大学只专注于资金使用的外部核查。核查是中央行政部门的专属业务,分配预算资金并在事后检查其使用情况。

但几年来，大学已经以自己的方式接管了这项工作。现在可以就过去被视为禁忌的话题提出问题，进行研究，并采取行动。说大学可能会被更好地管理，或者承认资源并不总是以最好的方式被使用，这不再是一种亵渎。一些在不同层级上负有责任的大学相关部门负责人已经开始相信，应该由他们来干预这些问题，而不是由教育部来干预。

在这一点上，学者和行政人员的话语发生了很大的变化。学者们已经摆脱了他们在20世纪80年代初所采取的自满或认命的态度——当时他们声称在权力滥用中没有人进行干预。在1998年研究的四所大学中，教育与研究单位（UFR）主任检查教师的工作量是否符合教学时间的要求时，没有人认为这是丑闻或不可容忍的。此外，所有四所大学都采取了控制和跟踪加班时间的措施。结果并不总是符合预期，但已经取得了进展。最重要的是，现在人们几乎一致接受了这样的观点，即应该对加班时间进行跟踪，加班时间工作补助申请必须有必要的证明，超出既定的工作时长必须有正当理由。这些结论证实了1994年在三所大学进行的合同谈判调查中的意见：

> 该合同在管理大学及其组成部门方面带来了相当大的变化。整个机构形成了一个单一的预算，迫使我们密切关注加班问题。这相当于一场小小的文化革命。这是对预算资金和机构运行的一种完全不同的思考方式。（一位副校长，合同化评估调查，1994）

广义上讲，大学里的人对成本更加敏感，对满足新的支出需求的可能性更加了解。现在，大学决策机构在审查新的项目认证申请时，往往会考虑到这一方面。一个项目的内在质量不再是赢得CEVU（学习与大学生活委员会）批准的充分条件。项目提议者还必须事先表明，必要的资金已经到位，不需要增加资金或已找到补充资金等。

这一发展最有趣的方面是，大学人员已经承担了大学管理的任务，不再完全由部里决定。与没有完成工作量的教师或超出部门分配预算的部门成员的面谈成为 UFR 主任的职责。同样，成本也成为学习与大学生活委员会的一个决策标准。一个将约束和监督内部化的过程正在进行，而以前这些问题和职能是被推给"外部"机构的（教育部、大学管理部门等）。

最后，这种合理化的努力不仅促进了"更健康"的管理——关注能尽可能利用的资源，而且还强化了大学整体的主体性。通过收集数据、信息化，通过反思如何最好或更好地分配和使用资金，正在实现行动的和谐化，规范正在从大学的实践中出现。为应对合理化行动而形成的各种抵触情绪就是证明：抵制者倾向于用强调和评价有关学科、领域或 UFR 的特殊性进行争论，对这种特殊性在整个机构的共同做法中被忽视而表示遗憾。

第二节　强化大学治理能力

重要的是，不要高估这种对管理的新关注的实际影响，也不要因此而推论大学已经成为良好的公共企业管理的光辉典范。不过，过去的事情是如何做的（或者是没有做过的）与现在所做的事情的对比，本身就足以证明我的乐观看法。法国大学的管理情况也是如此。从我描述的20世纪80年代的大学情况到今天所走过的路程值得强调，在具体问题上的鲜明对比也值得注意。

一、从个人项目到学校项目

第一个方面涉及合同政策所创造的大学活力，同一所大学的各部门认为自己构成了一个整体，并共同决定未来四年的发展方向和优先事项。因此，合同鼓励了集体项目的发展并使之合法化，或者说，催化了这种发展，使大学行为者调动了每个机构潜在的自治潜力[1]。

个人项目被正式登记在合同中这一事实增强了集体性质。虽然这些项目代表着有限的倡议，也就是说，它们只能由构思这些项目的一小部分人实现，但它们被登记在为整个大学制定的合同中，该合同本身就是一份集体文件，这一事实改变了它们的地位。它们

---

[1] 在所研究的三所大学中，这种潜力的使用是不同的（Lipiansky et Musselin, 1995）。我们确定了三个可能影响使用的因素：一、现有情况：现有的障碍和紧张关系往往被证明是不可逾越的，合同化过程不仅不足以克服它们，本身也被它们所阻挡；二、内部采用合同化的方式：在那些建立了广泛的参与过程并集体构建了一个共同项目的大学所产生的合同中，各个项目不仅仅是并列的；三、是否动员了几个主要的学术或行政人物并致力于此，因为合同化过程需要积极的引导（Musselin, 1997a）。

被明确承认为机构的优先事项，是"大学项目"，参与其中的行为者都可以这样说。此外，大多数合同都包括涉及几个部门的横向目标，例如改善学生接待质量、降低本科学生的学业失败率或辍学率，以及建立一个学生中心。设计并努力实施大学整体的共同项目，往往会在各部门之间建立起强有力的联系，突出其凝聚力。

此外，准备合同的过程使大学能够强化各自的身份，显示差异，明确其特殊性[1]。最近有几所大学放弃了"城市名称+数字"这一标准公式的匿名性，而是采用著名科学家或学者的名字，或一个强调其区域位置的名字，这并不是没有意义的事情。越来越多的大学正在使用一个标志来指定和识别机构。这些都是标注一个新现实形成的可见符号。

二、大学机构的决策力

集体维度的出现也体现在大学理事会角色近乎矛盾的转变中。《萨瓦里法》要求建立一个额外的大学理事会，即学习与大学生活委员会（CEVU），这一要求迅速受到批评，理由是这个新机构的设立以及大学已有理事会的整体规模，将使工作的开展比现在更低效。然而，这种情况并没有发生。在法律全面实施后的十多年间，我们看到，理事会的运作更加专业，其决策能力也有所提

---

[1] 皮埃尔·迪布瓦（Pierre Dubois）对大学在教育项目供应方面制定的不同战略的分析（1997b，1997c）表明，并非所有的大学都选择相同的道路，教育供应是大学将自己的偏好转化为行动的一种手段。

高。这种变化最突出的例子是每年按优先顺序排列职位设置的请求。我们可以回顾一下，在20世纪80年代，大学向教育部提交的清单没有对其需求进行排序。现在，这些请求被排了序，而且这项工作是被相当认真地对待的。值得一提的是，教育部通常都会遵循大学的偏好。一些人反对说，这些排名是胆小的，没有明显地改变学科平衡，总之，体现了一种不透明的、更微妙的不做决定的方式，不过是轮流和复制过去的学科平衡。但是，我们对学者聘用的调查表明这些说法并不准确。首先，所有的受访者都强调，现在的职位设置要求必须通过证明需求来实现合法化。不能依靠"各自为政"的规则来获得一个强有力的排名。受访者还强调了排名过程的"政治"性质[1]，以及在大学理事会中拥有良好的发言人的重要性。没有人认为这个游戏是提前定输赢的，或者同一团体总是得到更多，或者所要做的就是等待轮到自己。相反，他们描述的游戏要开放得多，是一个从开始就没有输或赢的游戏，要赢，玩家必须表现出更大的战术技巧。在此，过去的胜利固然重要，但并不是唯一的参照。

大学机构在职位决策方面的能力是非常真实的。1996年接受访谈的学科委员会成员，如国家大学委员会（CNU）学科部门的成员，都指出90年代的特点是大学在这些问题上的作用得到了加强，甚至大学决策机构（和校长团队）的干预也在增加。这些决策机构会毫不犹豫地和教育与研究单位（UFR）就其优先事项产生

---

[1] 即谈判涉及管理冲突和矛盾的利益的过程。

分歧，其中几个部门就有这样的经历：它们的意愿被修改，放在首位的职位被最后的职位置换。因此，在提交给教育部的名单中，职位要求的顺序更多的是大学的选择，而不是 UFR 的选择。

这个高度敏感的问题并不是变化的唯一证据。我们还看到，大学管理层更有力地参与了送交教育部的课程项目认证的决策（Simonet，1999）和资金分配。在这里，大学机构的运作也没有十年前那么不合常规，理事会的决策能力、选择、拒绝和要求改变的能力，都比以前强大得多。

同时，大学决策机构已经变得专业化了。在我们所研究的大学中，行政委员会、科学委员会、学习与大学生活委员会全体会议的决策总是由小规模的工作小组和/或初步谈判事先准备好的。在绝大多数情况下，进入全体会议的项目事先都已有充分的准备，可以直接开展工作。

决策的准备活动涉及将专家评估的工作（Urfalino et Vilkas，1995）委托给有限的人员，他们的评估通常更关注形式而非内容。负责认证预审的委员会不讨论项目的科学价值或教学价值，他们相信系或 UFR 委员会在提交项目之前已经确保了这一点。他们感兴趣的是项目是否符合国家标准、预计的教学时间和如何支付所需费用，以及新学位项目在物质方面的需求（包括场所和设备）。

当我们审查创建新学位课程的建议时，我们会考虑财政资源，以及像教学时间这样相当严格的限制。（当选为 CEVU 成员的教授，四个大学的治理调查，1998）

第六章 大学的出现

但是，准备程序也涉及（有时完全基于）一系列的磋商、讨论和谈判。这些要么发生在这一过程的最开始，当项目发起人想知道他们的请求是否有机会被接受，以及如何陈述才能被接受时；要么发生在项目被全体会议审查之前，以预测和解决问题。

筹备小组，如同主导咨询过程的人一样，不需要是相关机构的当选成员。在我们所研究的大学中，为行政委员会决策做前期工作的专门委员会很少包含该委员会的成员，因为这项工作一般由大学行政办公室负责。当大学理事会遭遇这种从审议机构到行政部门的转换时，可能会导致一种被剥夺的感觉。没有积极参与准备工作的机构成员往往会有双重的被剥夺感：他们不是专门委员会的成员，而且他们觉得是被迫投票赞成专门委员会的提议，因为没有机会提出替代方案。因此，将专家评估委托给准备工作小组，将这项工作"委托"给他们，也相当于委托判断[1]。

我们是否必须由此得出结论，大学机构的新决策能力实际上掩盖了它们被削弱、被甩到一边的事实？我并不这么认为。首先，并非所有的受访者都觉得自己被剥夺了权利。这一点在很大程度上取决于与专门委员会成员商定的任务的隐含内容。如果准备档案材料的标准是明确的、清晰的、事先知道的，并得到全体委员会成员"批准"的[2]，那么成员的承诺和参与感就不会受到不利影响，即使

---

1 这两种类型的授权需要相互区分。一方面，专家就某一问题提出建议，但决策权仍在代表手中。他们既了解专家的论据和推理，在决策时也可能引入其他考虑（政治、意识形态等）。另一方面，在"官方"决策者没有办法评估专家工作的情况下，判断权的概念应保留，并且不偏离专家的建议。

2 不一定经过公开讨论或表决。

第二部分 大学的时代

那些承认他们完全遵循专门委员会建议的人也是如此。他们通过全体会议来保持甚至调动自己的判断能力,在全体会议上检查专门委员会是否遵循了自己的任务以及专家评估权被授予的条件。理事会成员向专门委员会的报告人提问,要求提交项目的人提供补充信息等。因此,全体会议的工作是为了确保准备工作小组遵守游戏规则。

在有被剥夺感的情况下,当选的大学决策机构成员也并不是完全被动的。如果专门委员会提出的建议似乎完全不可接受,他们就会以阻挠投票的方式做出反应,这可能会导致对专门委员会的组成或工作程序进行审查。[1]

在大学决策机构和准备工作小组之间的这种关系背后,当然是大学民主的运作和民主的不同面孔,这是一个问题。我有意避免给出上述机制的细节,因为尽管更大的决策能力、大学理事会工作的专业化以及全体会议发挥的保障作用在所研究的所有大学中都是共同的,但它们的运作方式在不同的大学中是有差异的(在专门委员会的组成、专家评估的授权与协商、当选成员的被剥夺感与承诺感等方面)。从校长团队对大学理事会的严格管理(这导致大学理事会受限于对行政办公室的方向性选择的照例批准)到理事会成员自己做前期工作、定义规则,并成为制定选项和验证的中心,许多安排都是可行的,但在各种地方性安排之外,结论仍然是一样的:避免做决策不再是大学行政委员会的首选方案。

---

[1] 在1998年2月研究的四所大学之一中,行政委员会成员否决了行政办公室和校长提出的预算,因为他们认为又一次面临既定事实:资金分配基于不同的基础,而且他们还决定修改下一次的预算编制程序。

第六章 大学的出现

三、大学校长的领导力得以强化，教育与研究单位（UFR）主任感到不安？

在法国大学里，人们普遍承认的第三个显著变化与领导力的行使有关，尤其是校长的角色。首先，这个职位的内容已经发生了变化，明显变得更加专业了。校长不再仅仅是一个知道如何调和各种内部利益的开明的业余人士了。随着某些责任从教育部"下放"到大学，校长的任务变得更加广泛和多样化了——如果遗产和职位管理成为大学的职责，这种趋势应该更加强烈。这项工作涉及的范围也在不断扩大，因为大学内部已经出现了一些主要的新任务：合同准备、发展与当地社区的关系等。现在一个校长被期望拥有更多不同的技能。仅仅是一个好的管理者（或拥有一个能确保这方面工作的团队）是不够的，校长及其团队现在必须知道如何实施项目，以及如何启动、设计和实施政策[1]。

其次，事实上，过去十年中发生的另一个重大管理变革是加强了校长办公室的功能。合同政策在这一变化中至关重要：校长成为教育部青睐的对话者和大学的合法代表。显然，目前的大学校长不再认为自己只是首要人物，也不再是源于 UFR 需求的接受者和支持者。他们认为，拥有自己的项目、做出选择，甚至是未经同意的选择是合法的。总之，他们是干预者。在我们所研究的大学中，校长发起的政策和行动证实，这种理解超越了演讲中的声明。校长们采取

---

[1] 现任校长似乎知道这一点，由现代化机构组织的"校长工作早餐会"在诸如"在财政上执行大学政策"和"人力资源管理"等主题上已取得了成功。

了加强"大学"主体的措施,并将适用于所有部门的规则强加于人。一位校长就协调非学术人员的工作时间和带薪休假的做法进行了谈判。另一位校长关心的是如何更有效地分配学术职位,他要求每个所需的学术职位的任命都要得到校长办公室的批准。在其他大学,这一规则也适用于所有空缺的 IATOS(工程师、行政人员、技术员、工人和服务人员,即非学术性——译注)职位。还有一位校长坚持将各个研究实验室组合成更大的、统一的研究所,当然还有其他的例子。在大多数情况下,这些措施并不是孤立的,而是一个更广泛的政策愿景的组成部分——研究政策、人事管理或预算政策。显然,领导层在制定此类措施方面是新手,而实施这些措施也并非没有困难。他们并不总是成功的,我可以举出一些遭到强烈抵制的案例。但是,需要再一次说明的是,与其编制一份成功和失败的表格(至少在开始时),不如注意一下表格中应包括一些行动,即校长们已承诺为其机构制定政策。

事实上,更准确的说法是"校长团队",同时要承认这个词的含义可能有所不同;它至少指的是校长和副校长,也可能包括行政人员、UFR 主任和项目负责人。团队的概念是指一种更加集体化的管理模式,即由一个团体来承担和分担责任,这在法国大学中是最近才出现的。

然而,加强大学领导力的趋势并没有超出校长团队的范围。UFR 主任的角色和地位并没有发生类似的转变,他们中的绝大多数首先仍然是其组成部分的代表,而不是"首席管理者",或者用一个不那么具有企业内涵的词来形容,就是掌舵者。许多 UFR 主任同意更密切地追踪教学时间，但在面临对未达到规定课时数的教师不得不进行干预或决定如何处理超出加班时间预算这些情况时仍感到不安。大多数人表示，他们在自己部门的研究活动方面没有任何作用或回旋余地。总而言之，UFR主任的职能被认为是一个微妙的、耗时的、并不特别能提高地位的工作。没有人觊觎它，也没有人真正寻求当选该职位。

教育与研究单位主任在其组织内采取了相当被动的行动（仅仅是接受他们的处境，做选举人所期望的事情），他们经常感觉自己并不能真正参与到大学管理中，并批评了校长的团队，甚至还有一些象征性的反叛行为："院长"（doyen）一词重新出现在UFR中，取代了法定的"主任"（Directeur d'UFR）。这是一个相当明显的反抗迹象，也是反对更坚实的大学梯队的出现、捍卫学科领域的一种策略。

UFR主任往往很难在管理大学方面找到自己的角色。除非被选入这些机构（情况往往不是这样的），否则他们并不是决策机构的成员；他们可以参加全体会议，但对会议上发生的事情没有发言权，特别是，在大多数情况下，他们并不在准备委员会中。此外，他们很少在校长办公室中有一席之地。事实上，校长办公室会定期举行两种不同类型的会议：每周与办公室工作人员的会议，以推进当前的业务；每月和UFR主任举行信息和/或咨询会议，不做任何决定。

如果说在法国的大学里，大学校长和UFR主任之间存在一种可识别的关系，那是错误的。即使在同一所大学里，不同的教育与研究单位（UFR）之间的关系也有很大的不同[1]。然而，在校长和UFR主任之间确实存在着很大的差异，前者往往对其职能的"管理"方面更加敏感，而后者在其组织内仍然支持"人人优先"的做法，同时感觉没有被充分地纳入大学的管理中。

因此，大学校长的领导力越来越强，而UFR主任的领导方式却没有什么变化，他们继续轻描淡写地管理着自己的部门，在某些情况下甚至有些胆怯。这种情况有时会导致冲突，并提醒我们，法国大学治理的困难之一是在大学内共存着两种类型的合法性：一种是"等级制"（缺乏一个更好的术语），强调不同当选官员（系主任、UFR主任、校长）之间的"从属/合作"关系；另一种是"代表制"，认为决策机构可以并且应该以共同体的名义做出选择。从这个角度来看，大学理事会获得的更大的决策能力显然没有使UFR主任的工作变得更容易，因为这使他们处于一个微妙的位置，必须处理大学行政和立法"部门"之间的关系。

---

[1] 对七个案例的定性调查研究（其中三个在1994年底，四个在1998年初）得出了以下结果：七个案例中的五个，校长团队在大学管理中是积极的和有影响力的；在五个"强势校长"的案例中，有两位校长将UFR主任边缘化了，这些主任发现自己在校长办公室和UFR中都处于极其弱势的地位；在另外两个案例中，校长严重依赖UFR主任的支持，而UFR主任则发现自己处于尴尬的境地，做出的决定在UFR中并不总是受到赞赏；只有一个案例，我们可以说这是一个有凝聚力的团队，是由校长和某些UFR主任组成的，他们不认为自己的角色应局限于"首要者"的角色，而是采取了更多的干预主义行动。

第六章 大学的出现

第三节 从大学的理念到大学的出现

如果将今天多数的法国大学与我在 20 世纪 80 年代研究的法国大学进行比较，可以看到两个明显的主要变化。首先，它们的异质性和复杂性已经增加。学生群体高度多样化；课程设置比以前更多样；大学从非大学机构引进了教学原则，同时普遍保持了（大部分的）传统学习项目；以各自的方式发展了地方特性。因此，与十五年前相比，每所大学的内部差异更大，这当然也突出了整个大学部门的多样化。其次，在同一时期，大学已经获得了作为整体机构的实质和地位。更具集体性质的项目的发展，大学理事会更强的决策能力，以及校长领导力的加强，都证明了一个事实，即在过去十年中，在作为监管者的教育部和学术团体之间已经形成了一个中间层次[1]。

正如我试图表明的那样，法国大学的集体空间主要在两个方面得到了加强。

一方面，由于技术在大学中的应用越来越广泛，每个机构的不同部门之间的凝聚力得以增强。20 世纪 60 年代，一所美国大学的

---

1 虽然我同意安托万·孔帕尼翁（Antoine Compagnon）在对法国大学系统的诊断（1998 年）中所论述的主要特点，即他关于"法兰西共和国的价值观与大学的价值观之间根本不相容"（1998：179）的观点，但我不同意他对整体情况的悲观看法。他说，只有通过"全面审查和改革高等教育系统，为大学之间的真正竞争创造条件，包括院系和专业学校"（1998：176）才能改善这一状况。在过去的几年里，我们看到，尽管这两个条件没有得到满足，大学还是出现了。

校长开玩笑说，大学是由同一个中央供暖系统联系在一起的个体组成的。现在，我们可以把这句举世闻名的话更新一下：同一所大学的学者们也是通过信息系统、各部门程序的协调以及一个相同的互联网网站联系起来的。这相当于多迪耶（Dodier，1995）为商业公司所展示的技术网络的发展和所谓的"技术团结"。然而，显著的不同之处在于，在大学里，它不会导致组织的稀释，而是发展出集中点。在这些地方，来自同一机构的个人之间的联系更加密集，并形成了特定的游戏规则。

另一方面，由于大学的凝聚力增强，在分配模式、遴选标准、提交专家评估的要点等方面达成了最低限度的协议，从而使当选的理事会成员和大学行政人员做出决定并使其合法化。这些协议导致在研究性和教学性方案之间做出选择；然而，这些选择并不是基于对请求所进行的科学性或教学性评估所做出的。换句话说，决策机构很少是应用"专业"规范的地方，而是将外部约束转化为"客观的大学规范"。当大学理事会要求认证申请需说明某个学位课程能提供什么工作机会或如何支付新的学习课程费用时，它们考虑的是教育部的期望。

通过这两个过程，法国大学的凝聚力不断增强，这显然破坏了传统上为解释法国大学的弱点和确定其崛起的必要条件而提出的分析。法国大学机构的"不存在"通常被归咎于缺乏一个共同的模式、思想或理念，将学术界团结和整合在相同的使命、相同的原则、稳定的知识关系等周围。事实上，大学是在一个特别难以确定任何大学理念的时候出现的。今天，激发了共和改革者的科学主义（或实证主义)理想,或《富尔法》中体现的基于多学科和参与的更加务实的理念,究竟是什么?答案是"没有"这种东西。相反,人们似乎对大学的使命感到十分困惑。

在分析第三共和国改革的失败时,我的研究表明,尽管这些改革者在19世纪末开展了高质量的辩论和思考,但拥有大学的理念并不是大学出现的充分条件。我现在可以补充说,它也不是一个必要条件。大学可以在事先未就应实施的大学理念达成一致意见的情况下发展成形。

我还想再进一步剖析,刚才介绍的最近的变化不仅表明大学的兴起是一种独立于更新的大学理念之外的现象,这种理念将为大学界所认同,并与法国社会的发展计划相一致。而且,在我看来,认为这种理念可能是一种空想。目前所有的发展都在密谋使大学变得更加复杂和异质化,而学科多样化和专业化程度的提高也加剧了"大学共同体"的多样性。阿兰·勒诺在其1995年的研究作品的结尾呼吁进行辩论,建议组织一个由主要人物组成的委员会,这类似于1997年反思法国民族法典的委员会的倡议,或者高等教育与研究反思协会(ARESER)所提出的成立一个"大学议会"的倡议(1997年)。在我看来,这些都是不可能发生的空想[1]。大学机构和大学是争论不休的对象。造成这种情况的原因包括:具有极其不同的实践和范式的学科在大学中共存,大学可以追求多种目的和任务,教学

---

[1] 更不用说阿兰·勒诺与高等教育与研究反思协会建议明确赞成存在一个全国性的"大学"理念,它可以被集中定义,并成为所有法国大学的共同参考。

第二部分 大学的时代

和研究之间的矛盾的互补性,大学与国家、社会的复杂关系等。大学问题本质上充满了矛盾、对立和分歧。这确实是大学教育部门的一个显著特点[1],也是有别于其他部门的一个特点,它以多种机构、组织和代表场所的形式出现,表达着不同的意见、观念和偏好。

鉴于不可能有单一的大学理念,那么具有更强的机构身份和治理能力的大学的出现,以及能更自主地运作的大学的出现,是否会产生几种与大学有关的理念?大学是否能够完成"地方性"的综合,发展出能够克服其异质性的整合形式,找到指导其行动和发展的方法,产生和形成伯顿·克拉克(1972)所说的"组织传奇"?

现在回答这个问题肯定还为时过早。法国大学正在进行的变革是长期的,然而,这正是抛给法国大学的挑战。在大革命后的历史上,大学才第一次有机会、有手段来应对这一挑战。

---

[1] 最近对其他两个部门的研究产生了非常不同的结果,这一事实支持了大学部门特殊性的说法。在分析巴黎市的下水道网络时,帕斯卡尔·塔泰奥西安(Pascal Tatéossian, 1995)发现,参与这一行动系统的行为者之间的关系长期以来一直被整合到一个高度一致和有凝聚力的"机构环境"中;替代方法很少,而且一直处于边缘地位。同样,亨利·贝热龙(Henri Bergeron, 1998, 1999)的研究表明了法国是如何形成以及为什么会形成一种单一的戒毒护理模式(心理学或精神分析模式),并解释说,法国对这种单一"治疗"过程的关注被政治家、毒瘾中心的治疗专业人员、中央行政部门以及其他方面所共享的表征、价值观和规范的认知系统所强化。在这些情况下,表征、实践和调节模式相互加强,以至于排除了任何其他可能的解决方案,与法国大学系统内可观察到的方法的多样性之间存在着惊人的对比。

第三部分

从一个大学构型到另一个

法国大学自大革命时期被废除到20世纪末的发展历程证明了其显著的稳定性,尽管过去十年的变革已然说明这种稳定性是可以被质疑的。从帝国大学创立到最近,法国大学系统的许多连续性改革实际上并没有改变其基本特征。这些特点可以归纳为以下几点。首先,国家和行会中心是同时存在的,一方面是教育部,其管理模式是集中的,旨在实现大学教育的标准化,以优先考虑学科偏好为指导标准;另一方面是学术职业,以垂直的、等级性的、集中的学科领域进行组织。其次,这两个中心之间的密切关系实现了对整个系统的联合管理。最后,大学的体制弱点要归因于组织结构(院系)和专业结构(学科)之间的完美契合。

法国大学教育的特殊结构显示出教育部的监管模式、大学和学术职业的内部运作模式非常稳定;同时,这三者之间的互动具有高度制度化的政策逻辑。这意味着,法国大学史不能仅从大学的角度来考察和分析,还必须关注教育部的干预模式、大学职业的发展,以及它们之间的关系类型。大学机构对这种外生机制的依赖,正是我和埃拉尔·弗里德贝格在对当代法国和德国大学的比较研究中观察到的(Musselin,1987;Friedberg et Musselin,1989)。具体来说,我们得出的结论是,大学的运作模式、决策过程和治理类型不能仅仅通过内生的规定来解释,也就是通过对行为者之间的互动产生的偶然的"地方秩序"(Friedberg,1993)来理解。在这两个国家中,有两个外生的因素起着关键作用,即国家干预模式及其与学术职业的互动。

我们对不同国家的当代大学的同步比较，以及目前对法国系统所开展的长期纵向研究清楚地表明，如果不了解它们发展的更普遍的框架——在特定的国家，将大学与监督机构、学术职业联系起来的相互依赖关系，就无法理解大学。揭示这样一个框架（我称之为大学构型）是非常重要的，因为这样的框架是高度稳定的，正如法国的案例所显示的那样。在过去的两个世纪里，法国体制改革的许多尝试都是为了通过加强大学来改变大学，但都失败了，因为尽管每一次改革都召唤着大学的存在，但教育部的指导模式、管理大学行会的方式以及国家和职业之间的联合管理关系本身都与强大的大学的发展相矛盾，而且这些模式和方式仍然没有改变。

如何将稳定的大学构型及其对系统组成部分变化所产生的可能性影响展现出来，这个问题需要阐明，这也是第三部分的目的。关注大学、学术界和监督机构之间的相互依存关系是不太常见的，正如我们所看到的，大多数对大学系统的研究都把它们分为三个异质的、自主的和互不相干的领域。因此，我想证明，从大学构型的角度思考，并使这种构型本身成为研究的对象，将能够更新我们研究大学系统的理论和方法。

在分析完"大学构型"的概念并定义了其分析属性后，在这最后一章，我们将探究"大学构型"的稳定性的原因所在，以及是什么使这种构型产生变化，然后，再基于法国系统最近发生的变化得出一些结论。

第七章

从大学到大学构型

为了阐述为何要选取大学构型这一方法、这个概念可以帮助回答什么问题以及为何它可以作为分析工具和方法论工具来使用，我将首先介绍在高等教育研究中被分别探索和构建的三个"世界"，然后试图理解它们是如何配合和运作的。

第一节 学界、大学与国家模式

一、学界：从细胞到网络

第一层分析将我们带入工作中的学术界，更确切地说，是大学研究人员的工作世界，因为大多数研究关注的是研究人员的活动而非教师的活动[1]。在对这一世界的大量研究中,有两种对立的概念占主导地位,且相互冲突[2]。

默顿(Merton)式的科学社会学家或延续这一传统的科学社会学家所持有的概念是围绕着学科构建的,而学科本身又是由作为专业或专业的认知、认识论和社会"领地"(Becher, 1989)构成的。每一个领地都可能与特定的研究实践、专业规范、关系网络相关联,而且每一个领地都各自形成了与知识的关系。这些由研究领域组成的领地并不固定,它们的轮廓因无形学院的发展(Crane, 1972)和学科的不断分化(Clark, 1997b)而不断受到质疑,这导致各领地分裂并形成了其他领域。起初的主导思想是,一个统一的科学共同体(Hagstrom, 1965)通过共同的价值观[3]来超越这种分裂,维护科学的自主性,保护它躲避沦为"神学、经济或国家的婢女"(Merton, 1962b:22)的危险。

这一创始概念侧重于共享同一价值观的单一共同体(Merton, 1962a),后来逐渐修正为对科学的表述,强调几个共同体(或"部落"

---

1 当然,这并不适用于少数试图考虑学术工作的两个组成部分的作者,他们要么研究教学活动的内容,要么研究这些活动如何与研究活动相结合或相融合(参见 Bertrand,1993; Bertrand *et al.*, 1994; Fave-Bonnet, 1990, 1993; Zetlaoui, 1997, 1999)。

2 除此以外,还有皮埃尔·布尔迪厄在"大学场域"的概念上对学术人的分析。他明确指出需要研究"权力领域的结构以及大学场域作为一个整体与之保持的关系,并分析——只要经验数据允许——大学场域的结构以及不同(学科)院系在其中占据的位置,最后是各院系的结构和各学科在其中的地位"。(1984:48)

3 默顿的科学精神由四种规范组成:普遍主义、共产主义(后来改为"公有制",以避免混淆)、无私精神或科学家的诚信,以及有组织的怀疑主义。

第三部分 从一个大学构型到另一个

或"集群"[1]）的聚集或并列，这些共同体仍被理解为具有两个基本特征。首先，它们存在于机构边界之上。这个时代的社会学家确实提到了大学或研究中心的存在，但他们认为这些结构在专业规范方面没有也不应该有任何自主权。[2]其次，这种共同体存在于领土边界之上。考虑国家因素只是为了举例说明阻碍"纯"科学发展的结构（社会、政治或经济层面）。[3]这种对学术界的最初概念非常接近于细胞体的概念。

在20世纪70年代，这一概念受到了"强势计划"[4]的参与者（主要是巴恩斯［Barnes］[1974]和布卢尔［Bloor］[1976]）及其"后代……兄弟、姐妹和近亲"的破坏。用迈克尔·林奇（Michael Lynch）的话来说（1993），就是相对主义计划、实验室研究，以及对科学工作的民族方法学研究[5]，这些工作对一个或多个共同体发挥社会化和社会控制的双重功能的观点提出了质疑，而将重点放在知识生产的过程上。科学事实的社会建构成为一个特殊的研究对象，对科学工作的观察被用来"（明确地证明）所有科学内容都是由社会决

---

1 根据特里·卡拉克（1973）的表述，被翻译成法语为cercle（圈子）。
2 20世纪50年代、60年代对私人研究实验室进行的研究系统地表明，科学界的专业逻辑在这种实验室中与组织逻辑存在竞争（参见Glaser, 1964; Kornhauser, 1962; Marcson, 1960; Meltzer, 1956; Shepard, 1962）。
3 例如，默顿关于纳粹政权对科学的灾难性影响的描述（1962b）和本·戴维（Ben David）的比较研究（1984年，第2版），通过考察各国科学活动的结构，分析各国在科学上是先进还是落后。
4 "强势计划"包括四个命题：1.知识社会学应该关注带来信仰或知识状态的条件；2.它应该关注并解释成功或失败；3.它的解释风格应该是对称的，同样类型的原因应该能解释成功和失败；4.它应该是反身性的。原则上，它的解释模式必须适用于社会学本身。（Bloor, 1976: 4-5）
5 关于更详细的介绍，见Lynch, 1993，他列出了大多数社会学作品，以及罗纳德·吉雷（Ronald N. Giere）（1988），他介绍了受这种方法启发的科学哲学作品。

定的，无论其技术性如何"（Lynch，1993：91）。现在，科学家被认为是在解释科学事实。卡琳·克诺尔-塞蒂娜（Karin Knorr-Cetina）1996年发表了一篇优秀的文章，对比较实证工作进行了人种学研究，展示了高能物理学家的实验工作与分子生物学家的实验工作之间的深刻差异，完美地诠释了这种方法。前者研究的对象是符号，高粒子物理学是"在一个与环境分离的对象世界中运行的，这个世界完全是由表征技术定义的领域重建……探测器就像是视觉的终极工具，是一种显微镜，提供了这些表征的第一层。表征本身包含了所有的模糊性，这些模糊性对由符号构成的世界造成了影响"。（1996：313）相比之下，在分子生物学中，科学家们与研究对象密切接触，与理论的关系完全不同，他们更倾向于使用类比和"试错"策略。

这些作为"翻译者—解释者"的科学家也被描述为网络建构者（Callon，1989）。对科学家以及学术界的表述从蜂窝状转向网状。现在的研究人员已不再把自己关在象牙塔里保护自己不受社会影响，而是努力争取政治、行政和经济领域的行为者支持他们的工作，寻找盟友，使他们能够调动和获取稳定资源，同时传播他们构建的科学事实，进而把这些科学事实转化为没有争议的声明[1]。尽

---

[1] 一旦发生这种情况，内部主义者和外部主义者之间的斗争就不再有任何意义了。正如拉图尔（Bruno Latour）所写："这件事的讽刺之处在于，'内部主义者'总是试图将研究者与他们的盟友隔离开来。他们实际上是要求我们研究那些任何人都不感兴趣的人，这些人除了自己的资源之外没有任何渠道，甚至无法开始拥有自己的实验室……相反，'外部主义者'喜欢研究科学或科学政策的社会层面，但又小心翼翼地不落入内容之中，因此，他们似乎在告诉我们，人们没有能力把对他们的项目感兴趣并渴望投资的各种人或团体凝聚在一起……这些敌对的分析家群体实际上都在谈论失败的科学家！"（1989：262）

管这些"行动中的"科学家（Latour，1989）和默顿式的科学家之间有种种不同，但他们的共同点是无视国家、机构，甚至时间的界限[1]。网络的形成不受任何组织或地域的限制。

二、大学的世界：四种决策模式的变化

如果我们现在抛开科学工作和从事科学工作的人们，远离实验室生活（Latour et Woolgar,1979），等待我们的将是一幅完全不同的风景画。我们看到，学者是他们开展活动的组织——大学——的一部分。对这一中间层次的研究通常都是从决策和管理模式的角度来理解的。我们已经从科学的世界转移到了组织和管理的世界。

20世纪60年代初，关于大学运作的著作开始在美国出版[2]。直到20世纪70年代中期，围绕着四种模式（见表1）展开了激烈的争论，每一种模式都声称可以描述大学决策过程的特点。第一批研究（Goodman，1962；Millett，1962）认为，大学遵循的是一种合议制的决策模式，此后其他研究者竞相提出其他模式。一些人强调了大学运作的官僚特性（Blau，1973），而另一些人则肯定了决策是政治过程的结果（Baldridge，1971）。科恩、马

---

[1] 拉图尔在《行动中的科学》（*La Sciences en action*，1989）的开篇描述了三位科学家，他将他们置于不同的时期、国家和机构中，但在分析和解释他们的工作时从未提及这些特征。

[2] 正如阿兰·图雷纳（Alain Touraine）所分析的（1972），大学教育的发展与不受国家控制的机构的出现密切相关，而这些机构的出现又早于有组织的学术职业的形成。

奇（March）和奥尔森（Olsen）（1972）抛弃了这些相互竞争的主张，肯定了大学是有组织的无政府状态和决策场所，他们称之为"垃圾桶"模式。

在20世纪70年代中期，大学组织研究的专家们放弃了寻找普遍模式的想法，而是转向了两个不同的方向。一些人认为，大学可以遵循四种模式中的任何一种，他们试图通过这种类型学来限定他们所研究的大学机构，并逐渐将这种分类完善和复杂化[1]。另一些人则与个体机构的研究方法保持距离，关注决策过程本身。他们的研究表明，大学运作是合议制的、官僚理性的、政治的还是无政府的，主要取决于所涉及的领域（资金、教学、研究等）。在这个框架中，每所大学都有几种模式并存，这取决于所研究的问题[2]。最后，也是最近，在试图评估大学治理模式发展趋势及其动态的方法中，一些作者（例如Braun et Merrien，1999）提出了一种逐渐变化的模式，其中第一阶段的特点是合议制，第二阶段是官僚主义，接下来的两个，与政治和"垃圾桶"模式都不同，是行会和企业。

---

[1] 哈迪（Cynthia Hardy）是采纳这种方法的最佳代表之一。她首先试图了解同样的环境变化（在这种情况下，预算削减）对一组大学的影响。这些大学最初的运作模式有的是合议制，有的是政治模式等，她的研究表明大学所采取的应对举措及其产生的内部后果在很大程度上取决于最初的模式（1989，1992）。她还建议对有利于特定模式出现的具体条件进行分析（Hardy et al., 1983）。

[2] 泰勒（W. H. Taylor, 1983）是采纳这种方法的代表。他表明，在卡尔加里大学的案例中，某些事实符合官僚模式，而其他事实则符合合议制或政治模式或有组织的无政府状态。Ellström（1983）、Davies et Morgan（1982）以及Birnbaum（1988）使用了同样的方法。

第三部分 从一个大学构型到另一个

表1 四种组织模式及其进一步发展的情况

合议模式	官僚主义模式
在这种模式中,正如其名称所示,决策权集中在同行(学者)手中,但该术语首先指的是共同的价值观和规范使协商一致的决策成为可能(Goodman,1962;Millett,1962)。对目的、目标和优先事项的普遍认同,使得达成具体协议成为可能,超越了学科和领域的许多不同利益、个人偏好以及学者之间的对立。伯顿·克拉克后来提出了"组织传奇"这一概念(1971,1972),用来说明每所大学的机构历史在构成共同的、共享的参照物方面的重要性(Satow,1975)。克拉克因此扩大了合议的概念,强调这种共识超越了同行之间的一般协议,反映了特定大学的不同类型的成员(学者、行政人员、校长、学生、校友等)之间存在着共同的信念和价值观。这反过来又导致20世纪80年代从合议制模式向个别大学"文化"的概念转变(Chaffee,1984;Tierney,1988)。	与其他三种模式相比,这种模式与其说是描述大学的独特特征,不如说是表明大学也有官僚主义的特征。第一个基于这种理解的研究是由斯特鲁普(H. M. Stroup)(1966)完成的,但布劳(P. Blau)在1973年的调查毫无疑问地证明了大学是一种分权式的官僚机构,而且相较于研究组织,这些特征与教学组织更相关。关于大学是结合了"学术"和"官僚"特征的组织这一概念,后来被明茨伯格(H. Mintzberg)(1979)所采纳,他把大学称为"专业官僚机构"的例子。他强调了学术工作中技能和程序的标准化——存在着处理已确定情况的预设方案,学术界也被组织成一个个按学科管理的盒子("鸽子洞"),但也对应着一套套标准化程序(Hardy,1990:21-22)。

续表

政治模式	有组织的无政府状态和"垃圾桶"模式
这一模式最早由鲍德里奇（J. Baldridge）(1971) 提出，公开反对被认为过于田园诗式的合议制模式，驳斥了将对立的特殊利益融合为基于共同的规范和价值观共识的想法。大学也贯穿着冲突和对立，因为在大学里有对多种目标的追求。普费弗（J. Pfeffer）和萨兰西克（G. Salancik）在"资源依赖"理论的框架下对权力在资源分配过程中的重要性进行了研究（Pfeffer et Salancik，1974；Salancik et Pfeffer，1974），并采纳了大学是"政治"场所的概念。	这个模式确定了大学与其他大多数组织不同的三个特征，并将其描述为"有组织的无政府状态"：多重目标、无形的生产系统、成员参与的波动性。它还描述了这种组织的决策类型的特点。科恩、马奇和奥尔森（1972 年；Cohen et March，1974）拒绝了理性和政治模式，建议用"垃圾桶"模式取代它们，其中决策是由四个"流"交汇而成的："决策者、问题、选择机会和解决方案。"[1]

显然，在大学的组织研究中（见表1），大学"世界"被理解为一个自主实体的组合。当然，大学呈现为与之互动的环境的一部分，但决策过程和管理模式总是被描述为内生机制，产生于内部互动结构产生的，并在其中找到解释。此外，这些机制似乎并没有受到学术界的细胞或网状结构的影响。[2]

---

[1] 关于这一模式的讨论，见 Musselin（1996，1997c）和 Friedberg（1993）。
[2] 在这个意义上，它们不是它的产物，不能用这些特征来解释。

对大学的研究越是密切和频繁，大学就越多地被认为是具有各种不同的运作模式的复杂组织（Friedberg et Musselin, 1992; Dubois, 1997b）[1]。这使我们越来越远离将大学视为一种特殊的组织类型的想法或信念。如果我们相信从对大学的经验研究中发展出来的模式很容易被推广到任何其他组织的情况中去[2]，那么关于大学"例外性"的这一论断在美国总是不如在法国那么有力。但是，与合议制模式相关的积极的规范性概念（在这些模式中，大学被认为是产生共同价值观和协商运作的空间）、"有组织的无政府状态"（Cohen, March et Olsen, 1972）或"松散的耦合系统"（Weick, 1976）等不那么严肃的概念，显然（有意地？）赋予大学以特殊性，认可了它们不是普通组织这一想法。然而，最近的研究方法似乎在明确质疑大学的特殊性，一方面，越来越多地提到创业模式（Clark, 1998）；另一方面，某些美国研究将领导力和管理理论系统地应用于对大学的分析，这是一种进步，但这些研究者最终却把大学的生产系统、权力行使模式和等级安排的独特性抛在了一边。[3]

---

1 哈迪超越了这四种模式，在明茨伯格的类型学（1979）的基础上，为巴西大学区分了六种情况：简单结构、魅力型官僚机构、专业型官僚机构、机械型官僚机构、无正式管理结构的机构和分裂。一个"专业的官僚机构"可以是传教性的、政治的、技术官僚的或无政府主义的，她的表格因此包括了约十个变体（1990: 38—39）。

2 事实上，这些模型的使用者似乎常常忘记了它们是在对大学的研究中发展起来的。最明显的例子肯定是"垃圾桶"模型，它在公共政策分析中被广泛使用和发展（Kingdon, 1984）。在这些作品中，与有组织的无政府状态相关的概念往往会消失，大学也不被提及。

3 参阅罗伯特·伯恩鲍姆的许多作品，特别是1986年和1992年的作品；还有维克托·弗罗姆（Victor Vroom）（1983）和安娜·诺伊曼（Anna Neumann）（1989）的作品。

第七章 从大学到大学构型

三、国家大学系统

如果我们再次放大,远离这些异质的、分散的中间结构,就会发现第三个层次。我们看到,大学是一个更大的系统的一部分,一个宏观结构的系统,引导着整个高等教育系统的发展。这次我们看到的是严格意义上的国家维度,从这个角度出发的所有研究,无论是比较性研究(大多数是比较性研究)还是单个国家的案例研究,都强调国家之间的趋同性和差异性。从1979年阿特巴赫(Altbach)指导的第一次调查开始,运用这种方法所产出的研究数量相当多(参见 Altbach et al., 1979;Altbach et al., 1989),其中可以举出尤里克(Eurich, 1981)、克拉克和尼夫(Clark et Neave, 1992)以及阿特巴赫(Altbach, 1998)的研究成果。

对国家高等教育体系结构的比较分析主要集中在三个方面:第一是国家在系统指导方面的作用(如 Premfors, 1980)。拥有广泛特权的国家可以被称为干预主义者,与那些扮演次要角色的国家形成了对比。教育部的管理模式也被分类,其中,集权式系统(法国)与分散式的联邦和国家系统是有区别的,有"缓冲机构"的系统(如英国,其大学资助委员会在20世纪80年代末被大学资助委员会取代,之后被高等教育资助委员会取代)与在直接监督下运作的系统也是有区别的。最近,重点已经从国家政策结构转移到国家干预的"风格"上来(合理规划与自我调节;先验控制与后验评估),以及干预风格在过去几十年中在欧洲国家是如何演变的(Van Vught, 1989, 1995;Neave et Van Vught, 1991, 1994;Fussel et Neave,

1996；Braun et Merrien，1999）。

　　第二是将高等教育组织成不同的机构部门。这里的重点是评估大学与其他中学后教育机构的相对权重和各自的权力，并按国别明确哪些任务和活动被认为是属于"大学"的特征，哪些不是。[1]这些研究首先关注的是高等教育供给内容的发展，以及新的供给在哪些部门得以发展或附属于哪些部门，这是一个随着接受高等教育的学生数量增加而被列入研究议程的问题。这里的重点是评估中学后教育系统的适应能力，应对比以前更密集和更多样化的学生人口的流入，并通过发展更多样化和更灵活的教育和培训供应来满足劳动力市场的需求。[2]

　　正在探索的第三个领域是学术职业的组织（参见 Van de Graaf et al.，1978；Clark，1987；Boyer et al.，1994；Altbach，1996）。这些研究通常是高度描述性的，比较了工会化进程和工会的作用、雇用和晋升程序、既有的教席制度、教学义务、流动激励等。[3]

　　虽然这些研究确实让我们意识到了国家制度的多样性，但往往

1　例如，关于对"大学"一词的不同定义的讨论，可见阿兰·勒诺的著作（1995）中的介绍。
2　今天一个被广泛接受的论点是，新的课程项目要么产生新的机构部门，要么通过现有机构的内部多样化而得到发展，在这两种情况下都有一个去差异化的过程（见米克［Meek］等人 1996 年对这些研究的综合、比较介绍）。在第一种情况下，新机构寻求采用最古老和最有声望的机构的"标准"（"学术漂移"），而在第二种情况下，所有机构最终都提供相同的教育供应。
3　卡内基基金会最近对 13 个国家的高等教育学者进行的广泛调查是相当具有示范意义的。这种研究提供了一个快照，呈现每个国家的具体结构以及这些国家的学者在特定时刻的态度和意见（Enders et Teichler，1995；Altbach，1996）。

第七章　从大学到大学构型

没有达到比较的目的。许多研究都很肤浅，往往只对形式结构进行比较。正如同时涉及多个国家的研究中经常出现的情况一样，真正的实践及其意义往往被忽略了。因此•，法国总是被介绍为一个中央集权制度，但这些研究并没有探讨法国中央集权的有效现实或本质属性。此外，一些看似相似的专业词语已出现在不同的语言或教育系统中，但对于其背后所隐藏的真正的"国家"含义却鲜有探究。[1] 最重要的是，这些研究并不是真正的分析。它们不能解释不同国家的情况，因为没有充分揭示每个国家特有的活力，特别是在一个特定的国家体系、该体系中的大学及其学术界之间存在的相互依存形式。因此，这些研究强化了大学教育实际上是不连贯和零散的这一观念，将三个既不同又独立的世界区分开来。实际上，将大学教育分为三个世界（同时还分为三个学科领域：科学社会学或人类学，大学的组织和决策研究，以及研究国家制度的比较高等教育），相当于将同一个现实的三个侧面割裂开来，而忽略了每个侧面与其他侧面的配合、对其平行发展的探究，以及对它们如何共同发挥作用的分析。

第一个对这些问题感兴趣并以这种方式提出问题的是伯顿·克拉克。在1983年的研究著作中，他在第五章专门讨论了每个国家三个不同层次之间协调的监管模式："然而，在每一种情况

---

[1] UFR 的负责人真的可以和院长相提并论吗？ université 真的可以和 university 相比吗？ Maurice, Sellier, Silvestre（1992）的研究显示了法国的工厂领班（contremaître）和德国的车间主任（Werkmeister）之间的差异，尽管他们之间有明显的法定相似性。为什么大学的情况会有所不同呢？

第三部分 从一个大学构型到另一个

下,都有一些秩序出现在不同的层次:学科将来自远方的成员联系在一起,大学象征性地将许多专家联系在一起,地方和国家的官僚结构提供了统一的法规和条例。而代表国家权威的官僚、政治和寡头形式也有助于整体的整合。"(1983:136)(作者译)克拉克进而补充,在一个特定的高等教育系统内的关系中可观察到的秩序可能来自市场类型的相互作用,在此之后,克拉克拥有了他所需要的一切来构建著名的"协调三角"(1983:143)。在这个三角模型中,三个顶点中的每一个都代表了一种理想的整合类型:国家权力——可以是政治的或官僚的,学术寡头,以及市场。然后,根据每个国家与每种理想类型的相近或远离程度来确定其在三角形中的位置。他将法国置于国家权力和学术寡头之间,并尽可能地远离市场。十六年后,克拉克的三角理论仍然是解释国家高等教育系统模式方面无可争议的参考(尽管也有人提出了其他的类型[参见 Becher et Kogan,1992;McDaniel,1996;Clark,1997a],但围绕这个模式没有太多的争论),用于解释高等教育模式的严格意义上的系统维度,即其整合机制和内部动力。

然而,克拉克的"协调三角"对三个"世界"的表述太过层次化了,也太过狭窄。首先,层次性过强,这是因为宏观层次(也就是克拉克所说的学术系统的"顶层")是组织中间层次(高校)的更高原则。这意味着三角协调模式也构造了组织层次:当一个系统被市场整合时,它的大学是自主的和有竞争力的;当一个系统被学术寡头整合时,大学只是寡头意志的反映,没有制度上的存在;而当被国家整合时,大学只是中央行政部门的官僚附属物。其次,过于狭窄，这是因为三角协调模型关系不能说明学术体系的顶端对"学术人员"的基层世界的影响。这个世界可以由这样或那样的国家协调方式来调节（如当晋升方式和学术认可机制是政治性的或官僚性的时候），或者相反，它可以遵循专业标准（与学科相关的标准）或遵循市场规律（例如，教师价值可能取决于其稀缺性或对社会的有用性）。克拉克的模型并不能让我们解释这样一个事实：整合中间层次（大学）的原则不一定与整合基础层次（学术界）的原则相同。我们可以画出两个三角形，每个干预层次一个，但如何将它们综合起来呢？虽然克拉克的三角协调模型使我们能够克服三个世界之间的分离，但它并不能使我们掌握协调模式可能对每个世界产生的影响。该模型假设不同层次之间存在着联系，但未允许我们研究和分析这些联系的经验现实。因此，我们还需要探讨每一种整合方式是如何作用于和限制其他模式的。

第二节　大学构型

为了解释这些联系，我建议考虑一种稳定的相互依存关系，这种关系限定了三个世界之间的联系，并成为其特征，同时影响着每个世界在一个协调领域的特定协调模式，从而形成了一种大学构型[1]。在提出大学构型这一概念后，需要立即澄清的是，虽然构成大

---

[1] 首先要说明的是，这里的"构型"一词与埃利亚斯（Norbert Elias）用同一词来指代社会成员之间的联系和融合的过程无关（参见 Elias, 1970）。在我的用法中，"构型"不具有这种社会维度，也不指一种深刻影响个人人格的规范性约束的结构。

第三部分　从一个大学构型到另一个

学构型的相互依存关系具有框架功能，但它并不是密切控制个体行为者的行为或其认知和规范框架的决定性结构。此外，谈论大学构型绝不意味着对相互依存关系的实质性内容进行任何假设，这种内容因国家而异，必须在每个国家去发现。

一、定义与讨论

"大学构型"的概念指定了一个框架，在这个框架内，大学发展的治理类型、教育部的监管风格、学科的内部管理模式被刻画出来，变得有意义并相互呼应。换句话说，这个概念是用来描述三种形式的集体行动是如何相互关联的：大学、监督部门和学术职业。

这个概念反映了三种形式的集体行动的不完整性，提醒我们没有一种行动可以独立于其他行动进行分析。大学、教育部和学术职业都不是自主互动的空间。每一个都构成了一个"不完整的地方秩序"，这种秩序只有在三者之间相互依存的更大框架内才有意义。

这一概念还表明，这些相互依存关系以两种方式呈现。一种是从三个极点的联系方式中看出，当其中一极被修改时，其他两极是如何受到影响的。另一种，三极中每一极的集体行动形式之间也具有一致性和相容性，因此，大学的治理方式、教育部的监管模式以及学术职业的组织和管理原则之间存在对应关系。

最后，需要澄清的是，在描述和呈现构成大学构型的三个极点之间的联系时，我们并没有对与不同极点相关的个体行为者（例如，一个教育部的主任和一个大学校长）之间的关系的具体性质提出任何主张，而是试图确定在个体之间"框定"这种关系的行动逻辑（在这一具体例子中，以学科为中心的逻辑普遍高于以大学为中心的逻辑）。因此，大学构型并不是对这一部门的行为者及其互动的简化表述[1]，也不是克罗齐耶（Crozier）和弗里德贝格（1977）所定义的具体行动系统。[2]大学构型没有考虑到三个参与组成极的不同的、多重的行为者，连接这三个极点的相互依存关系并不是行动者之间权力关系的简化表征，这三极之间的相互作用所形成的三角形也不是"权力关系图"的模型化反映。例如，在《权力下放法》出台之前，描述法国地方政治—行政系统的"交叉监管"图就是如此（Crozier et Thoenig, 1975; Grémion, 1976）。换句话说，只有当我们把大学构型的概念理解为一个框架，它才具有相关性，在这个框架内，人际互动将得到发展，不同的具体行动体系、不同的地方秩序可能会形成，所有这些都将是特定的情况，即使它们的共同特点是符合这个框架。这个概念说明了一种总体安排的存在，这种安排确实施加了约束，产生了意义，限定了可能，但它也容忍了

---

[1] 要画出描述这些关系的准确图表，我们至少需要加上研究组织和团体以及公司和地方社区，并对监督部委、大学和学术界采取一种不太单一的概念。

[2] 出于同样的原因，构型也不是"公共政策网络"。事实上，政策网络和具体行动系统的概念非常相似，两者都被理解为"描述一个支离破碎的国家的工具"（Le Galès et Thatcher, 1995）。此外，使用政策网络方法的研究者（参见 Marsh et Rhodes, 1992; Marin et Mayntz, 1991）对他们研究的集体行动者的内部运作模式并不真正感兴趣，网络节点仍然是模糊的。在我们的研究方法和对大学构型的理解中，这些节点本身就是研究的对象，尤其是重要的节点，因为它们是相互依存的实例。

第三部分 从一个大学构型到另一个

某种程度的灵活性、自主性和多样性，也就是说，它不决定行为者的行为，也不把一个标准的认知框架强加给他们。

1. 可能的框架

一个构型所定义的不过是其相关个人和集体行为者决定其行为和构建关系的限度。它建立了一个容纳所有可能的框架：这个框架是多样的，但并不是无限的。因此，一个构型可以允许发展不同的运作类型，从一个大学、一个学科到另一个学科，甚至是从一个部委到另一个部委。它的存在并不能使集体行动的形式标准化：一些大学的治理模式可以比其他大学更有合议性，或者相反，比其他大学更具对抗性。但可能性的范围仍然是有限的，因为大学管理的风格必须与教育部和大学之间的相互依存关系的类型兼容。因此，构建和定义构型的相互依存关系从未完全决定行为者的行为，但它们足够强大，其影响超越了学科差异或大学的异质性特征，并且足够稳定，不会在行为者、规则、法律或政治手段改变时被"机械"地修改[1]。

这些特征与大学构型可能被重建的方式是不可分割的。从方法论上讲，在一个特定的国家中揭示出一致的、受管制的一系列相互依存关系，并了解其特定的"属性"，就涉及一个从个体互动逐渐走向更广泛的管制模式的过程。在这一过程中，我们不能向相反的方向发展：我们不能用大学构型特征的知识来预测微观层面上人际关系的内容、性质、属性。大学构型的框架，并不能作为决定

---

[1] 换句话说，法规的改变本身并不改变特定的国家配置。例如，修改法国的认证程序，绝不会改变这一程序是法国教育部与大学互动的核心这一事实。

个人行为的机制发挥作用：限定了行为者可能的行为范围，但它并没有规定这些行为的发生。[1]我们不能从构型属性中推断出每个"地方秩序"所围绕的具体模式和安排，对框架的了解也并不意味着我们不需要探索在框架内发展的有组织情形的偶然性。

2. 多样的认知框架

我们刚才所说的关于行动者的行为和他们在大学构型方面的（相对）自主性，同样适用于他们的认知、代言（陈述）、信仰和价值观。具体来说，了解一个特定的大学构型的特点，意味着了解它的合法原则、它所遵循和使用的价值和信念（例如法国的平等和统一）、它可能承载的"大学"理念等。因此，大学构型是一个产生意义的空间[2]，这种意义可能与认知和规范框架有关，影响到行动者的认知、陈述和原则。这种影响是适度的，也就是不完整的、部分的。一个构型"产生"意义这一事实，并不意味着这种意义对个体行动者来说是明确的，或者说他们坚持一个特定的认知和规范框架，因而对事物都有相同的看法，以相同的方式理解和构建问题，并就如何解决这些问题达成一致。相反地，大学构型需要容忍（或受制于）关于大学的角色、大学的使命、国家的角色、大学教师的职能和任

---

1 然而，我们可以说，从一个国家到另一个国家，大学构型或多或少都有约束性，也就是说，可能的框架或多或少是开放的。个人行为者从构成特定构型的相互依存中获得的自主权，会因层次和构型所施加的约束类型而有大有小。

2 那么，在分析这样的构型时，我们可以重构部门性的参照系统（Jobert et Muller, 1987），但条件是意义要从观察到的行动中重构出来，而在布鲁诺·若贝尔（Bruno Jobert）和穆勒的概念里，意义是使行动可理解的东西。

第三部分 从一个大学构型到另一个

务等方面的强烈的异质性话语[1]，只有在例外的情况下，它才是一个同质化的领域，个体在统一的表征、认知框架、价值观和规范的支持下开展相同的实践。

也是因为这一原因，大学构型不同于迈耶（John W. Meyer）和他的合作者所称的教育的制度环境[2]，因为全面来看，教育的制度环境要求实践、态度和行动模式之间完美的、整体的一致性，以及一套稳定的信仰、价值观、规范和符号。这也是他们与彼得·霍尔和罗斯玛丽·泰勒（Rosemary Taylor）（1996，1997）所说的"历史新制度主义"的区别。美国历史新制度主义者所分析的经济、政治和社会组织被赋予了太多的能力来塑造个体的行为，让他们看到某些问题的同时也掩盖了其他问题，提供了解释世界的模式，定义他们将如何理解这些问题、他们将认为这些问题有多重要，以及他们所设想的解决方案的范围。我所说的构型[3]并不像这样狭隘或有限制性，它的影响要温和得多，而且通常与行为者的自主性更为兼容。

换句话说，构成大学构型的相互依存关系并没有刻在行为者身上。这种相互依存的关系不允许我们预测个体行动者（在这里是指大学教师）在其所属的层次上如何构建其学科和机构成员的身份以及与教育部的关系。总之，每个行动者将以特定的方式构建他或她的专业身份。

---

1 若代勒·泽特劳伊（Jodelle Zetlaoui）在她关于学者与大学"空间"（建筑、场地）关系的博士论文中清楚地表明了这一点（1997）。
2 特别是参考 Meyer et Rowan，1977。
3 此处以"大学的"修饰限定"构型"一词，但这一概念很容易被扩大并延伸至高等教育之外的部门。

构型的概念调和了结构化和自主性、固化和灵活性之间的矛盾。国家、大学和学术职业相互依存的性质和内容构成了大学教育在特定国家发展的深层结构，但承认这一点并不要求我们假设行为者的行为和认知框架完全受制于这种结构。

二、方法上的意义

从前面的讨论可以清楚地看到，大学构型是研究的对象。它们并不符合一种模式，这种模式可从实质上描述国家—大学—学术职业之间的关系是如何组织起来的。从构型的角度讲，只是假设国家、大学、学术职业三者之间相互依存的存在和重要性，以及这些相互依存对每一极内部的集体行动和管理模式所起的结构性作用。在每一种情况下，这些行动和模式，以及这些相互依存关系的性质、质量和内容，都有待于探索、研究和界定，同时也要考虑合法化的基本原则。描述和限定这些相互依存关系本身就是一个研究项目，因为这种相互依存关系不是自发地可以感知或领会的；相反，它们必须通过整合不同的互动层面来重新构建[1]。

有了这个工具，定义和构建相关的集体行动者也成为一个研究对象。诚然，在我们重构的三个构型（法国、德国联邦州和美国的

---

[1] 我们的分析网格与英国、挪威和瑞典的一个研究小组提出的分析网格相似，用于研究英国、瑞典和挪威的大学改革对学术价值的影响（Henkel, 1996; Kogan et al., 2000）。作者也使用了三个不同的分析层次：宏观、中观、微观。然而，他们的分析框架和上面介绍的 B.R. 克拉克的分析框架一样，忽视了中间层次和国家结构的存在，而学术界正是通过这些结构来管理和维护自己的利益的。

第三部分 从一个大学构型到另一个

公立大学[1]）中，国家、大学和学术职业都是不可或缺的、充分的行为者，正是它们将公共干预模式、大学治理和专业监管结合在一起。然而，我们并不排除其他极点出现并被纳入分析框架的可能性。[2]

从方法论上讲，用大学构型来推理的前提是这个框架是通过对个体互动产生的局部安排与更普遍的"秩序"之间的积极联系、关系的经验性重构发现的。换句话说，一个构型中的相互依存关系的特征从来都不是给定的，在经验研究之前不能被构建。我们不能从一个预先确定的国家模式开始，与之相反，我们必须逐渐"揭开"它，随着对局部互动的分析的推进来重新构建它[3]。这也不是一个选择一般解释模式的问题，用于对事实、行为和关系进行排序，将它们与一个预先建立的分析框架联系起来。相反，一个构型是一个相互依存关系的结构，其性质和内容尚待发现。

---

1 参考塞西尔·布里塞-西隆（Cécile Brisset-Sillion）关于纽约州及其公立大学的研究报告（1994a，1994b，1996，1997），这是一个关于如何将这种分析网格移植到法国或德国以外的地方的例子。
2 就法国而言，鉴于始于20世纪80年代的趋势仍在继续并不断加强，而且地方的政治和经济行为者正日益成为大学的相关对话者和积极对话者，将相互依存关系的"三角形"转变为"正方形"也许是有意义的。
3 在我们所遵循的这一过程中，比较两个国家的数据是至关重要的，因为这有利于将在地方一级获得的结果纳入特定的国家框架。有了这样的数据，我们就能确定哪些与所研究的地方的情况的特殊性有关，哪些可以归结为该情况是更广泛背景的一部分。

第七章 从大学到大学构型

第八章
大学构型与变化

揭示法国大学构型的特殊性，需要注意其构成要素是由拿破仑改革确立的，而且直到20世纪最后二十五年，这些要素几乎没有改变。这种"长寿"，也可以说是稳定性，需要被解释。另一方面，最近的发展表明，变化确实是可能的，在这种情况下，变化不亚于从一种构型转向另一种构型。

哪些因素促进了这一演进过程，这一点是值得讨论的，因为我们所观察到的变化不是表象的：这种变化在没有消除教育部指导模式的基础上对政策逻辑提出了质疑。如果我们参照让-雅克·西尔韦斯特雷（Jean-Jacques Silvestre）[1]对变化的三种分

---

[1] 引用自皮奥里（Michael J. Piore）对让-雅克·西尔韦斯特雷的集体致敬的序言（Gazier, Marsden, Silvestre, 1998: 5）。

类[1]，我们所面对的则是结构性变革，也就是说，是"（产生）新的行为和社会关系的变革"，而这些变革不仅仅是"在现有结构[2]上的机械反应"甚或是"有机的反应"，"通过这种反应，结构发生变化，但变化的方式与支配其运作的基本原则是一致的"[3]。(Silvestre, 1998)

在这一章中，我将研究为什么那些似乎与教育部的传统运作模式不相容的选择有可能被引入行政部门并获得合法性。就像约翰·W. 金登（John W. Kingdon）在他那本关于制定公共问题议程（1984）的书中所说的那样，我对解释种子从何而来不那么感兴趣，而是想了解是什么使土壤变得肥沃。

为了找到这个问题的答案，我将分两步展开：第一步，研究大学构型的稳定性，以便更好地确定使合同政策得以生存的特殊条件；第二步，对结构变化的过程做一些更一般性的反思。

第一节 为何构型是稳定的？

一、改变机会的频次

先验地讲，从一种大学构型转到另一种构型，成功的概率很

---

[1] 彼得·霍尔的公共政策变化类型学（1993）与西尔韦斯特雷的相似，它区分了不影响目标或工具的一阶变化，影响工具而不影响目标层次的二阶变化，以及影响公共政策所有三个构成部分，即工具集、政策设置和目标层次的三阶变化。第三类对应的是范式变化。

[2] 例如，修改国家学习课程规范标准。

[3] 例如，《萨瓦里法》。

低，但尝试的概率很高。成功的可能性很低，因为大学构型是由三个相互依存的部分组成的，任何一个部分的变化都可能受到其他两个部分的惯性的限制。《富尔法》在创建自治大学方面所产生的"小革命"的微弱影响就清楚地说明了这一点。这部法律只影响了整体的一小部分，并没有改变那些为加强大学管理而必须改变的因素；也就是说，它没有触及以学科为中心的教育部的管理模式，也没有触及教育部和行会之间的集中联合管理方式，更没有触及大学没有人事管理权的事实。因此，在《富尔法》之前的大学构型在这一法律出台后的几年内仍然继续维持。

然而，由于构型是"适度的"制度安排，也经常有变化的机会。构型"限定"了行为，但并不决定它们；构型产生了意义，赋予某些原则以优先性，但它们并不强加任何认知框架、价值观或被所有人认可的共同规范。加强大学自主权的支持者[1]一直存在，这种想法并非产生于20世纪80年代末。19世纪末的自由共和党人已经有力地推动了这一点，他们呼吁大学要对资金、人员和课程负责。总而言之，我们不必等到第二个千年结束时才出现"大学世界的新形象"。当然，我们可以表明，19世纪的自由主义者的自治概念并不完全符合我们今天赋予这个词的内涵；樊尚·西穆兰（1997,1999）已经优雅地证明了思想、表述和概念本身是如何被重新表述、改变和整合的。然而，我们可以承认，第三共和国的共和主义者莫里斯·科勒里1920年的报告、卡昂研讨会的参与者埃德加·富

---

[1] 至少自第三共和国的改革开始就存在，正如关注这一时期的历史学家在研究中所发现的一样。

尔 1968 年支持《富尔法》的演讲，以及菲利普·卢卡斯（Philippe Lucas）的《被囚禁的大学》(*L'Université Captive*, 1987) 相继倡导的概念之间具有相近性。某些研究强调体制机制对参与者的认知框架的影响，强调他们在范式危机时期之外无法重新提出问题（Jobert, 1992; Hall, 1993; Surel, 1995），也无法发明新的解决方案。与此相反，"大学的解决方案"一直存在于人们的视野之中，并且因为它被媒体讨论甚至是被辩论而变得显而易见。此外，教育部的大门一再向自治大学的支持者敞开；一些这样的支持者甚至担任了中央行政部门的主任，这当然包括了路易·利亚尔，还有与卡昂研讨会的组织者关系密切的加斯东·贝尔热（1982: 40—41），以及让-路易·盖尔莫纳。因此，20 世纪 80 年代前法国大学构型的稳定性不能用没有竞争性的愿景或替代性的主张来解释，也不能用阻止有新思想的人担任重要职位的那种制度安排来解释（Weir, 1989）。

因此，以学科为中心的逻辑并不深入，也不足以阻止那些不遵循它的创新的发展。因为，这种逻辑虽然理所当然地构成了一个"主导的参考系统"，但与皮埃尔·穆勒对这个概念的使用（1995）相反，在我看来，这样的系统更多的是行动的产物，而不是对行动的指导。与其说参考系统首先定义了一系列制度化的实践并使之合法化，不如说它似乎是从这些实践中产生的。应该记住，这些实践是相互依存的，共同产生意义。由不同行动的聚合所造成的行动与意义之间的脱节，解释了为什么我们可能在事后看到强烈的一致性和连贯性，也解释了为什么这种连贯性不一定意味着行动者在行动时坚定地遵守了该制度，或者该制度对他们的认知和规范框架有明显的影响，或者在其他行动者诋毁该制度时存在争议。这意味着，在法国大学教育领域，大学行动者、管理者和政治家想象"创新"的解决方案（即不符合被认为合法范围的解决方案）或发展不同论点的能力一直很强。我在前文所列举的一些例子成功地摆脱了以学科为中心的教育部指导模式，促进了以大学为中心的逻辑的发展（1975年的合同政策、国家评估委员会［CNE］和四年期研究合同），证明了行为者对"主导"构型的认知自主权。

二、脆弱的创新过程

然而，尽管有这种变革的潜力，大学构型却极为稳健，这也证实了新制度主义对制度框架的阻力的结论。如何解释众多的变革机会和这些机会的微弱影响之间的差异呢？我对合同政策之前的三次失败的实验的分析表明，每一个过程都是脆弱的，要面对多重危险，而这些危险都是致命的。合同化的第一次尝试被一次部长换届所扫除，艾丽斯·索尼耶-赛特接替了让-皮埃尔·苏瓦松。为期四年的研究合同是按照典型的集中化政策重新制定的，以学科为中心，针对的是不成熟的、没有实力的大学。至于国家评估委员会（CNE），它可以继续履行使命，但并没有产生预期的影响（或者说，它能够继续下去正是因为它没有产生任何影响，这样说也许更准确）。

这种创新的生命周期通常很短，大多数很快就被"埋葬"了。而当创新没有被扼杀时，会被"合法"的行动逻辑所转移、重新表述或吸收，或者，它们继续发挥作用但被边缘化了。这些创新遇到的障碍要么是组织上的（"学习"困难，对权力重新分配的抵制等），要么是时机上的（比如说政治上的权力更替）。然而，上述三个案例的有限影响，就像19世纪末的改革或《富尔法》一样，绝不能归咎于对其实质的反对或围绕其大学教育理念的意识形态所产生的冲突。那么，在这种情况下，实践似乎比思想更具阻力。

三、对合同政策成功的分析

1989年的教育部—大学合同政策之所以没有被列入失败的创新名单，是因为它摆脱了对这一尝试构成威胁的危险，这得益于一系列特殊的有利条件。

首先，这次创新没有遭遇之前那些尝试所面临的困难。与1975年的合同化实验相比，这一创新得益于四年都没有发生政治更迭。在这四年里，合同政策制定者克洛德·阿莱格尔一直在职，尽管他也同时介入了其他领域，但一直持续推动合同化。与国家评估委员会相比，大学合同直接影响大学，也涉及中央行政部门的主要职能之一：预算资金的分配，特别是补充资源的分配。虽然合同确实只涉及运营预算的5%，但这5%在某种程度上比那95%的预算更重要，因为它是预算中具有回旋余地的部分。最后，与研究合同相比，大学合同受益于教育部的部门重组，这改变了教育部机构内部的权力平衡。因此，合同政策得益于这样一个事实：它是在利昂内尔·若斯潘上任后不久酝酿的，而且它指导了中央行政部门重组和干部更新的传统工作，大多数教育部长在政治更迭后都会经历这一工作。

以上情况的三个特点使合同政策摆脱了先前三次实验的命运。但还有一些其他有利的情况值得被提及。一方面，得益于罗卡尔政府对教育的重视和光明的经济环境，毕竟，协商如何分配剩余的资源和补充职位总是比削减预算更容易。

另一方面，合同政策受益于这样一个事实，即它看起来不过是修改了分配大学运营预算剩余部分的内部程序。它可以通过一个简单的教育部指令来建立。它根本没有修改导向法，不影响公务员规则，也没有宪法上的影响；它可以不经过议会就生效，也不会有被检查立法一致性的最高行政法院或检查合宪性的宪法委员会废除的危险。这就解释了为什么"教义"可以在教育部内部被定义和发展，以及为什么它没有被政治或公共辩论所推动或反对。这也解释了为什么没有针对合同政策的法律追诉威胁[1]，以及它如何躲过了第五共和国的机构监督工具。

所有这些条件都有利于将这一创新引入和融入教育部的实践中去。

---

1 在利昂内尔·若斯潘担任教育部长期间创建的"新大学"却不是这样的。这些机构享有特殊的地位，不受《萨瓦里法》的约束。1993年，弗朗索瓦·菲永试图将这一地位确定下来，并向"萨瓦里"大学开放选择这一新地位的可能性，在左派提出请愿后，宪法委员会对国民议会获得的有利决定提出质疑（Merrien et Monsigny, 1996; Merrien et Musselin, 1999）。

第八章 大学构型与变化

第二节　重新解读观念对变革的影响

合同政策不仅仅是一种创新，它已经深入人心，也是影响整个法国大学构型的变化的起源。我已经表明，为了理解这一变化的广度，不能仅仅将大学合同视为处理大学预算的一个特殊安排，而是逐步构建一个全新的政策行动参考系统的起源。不仅使从一种大学构型到另一种构型的转变成为可能，而且在这种情况下，这种转变也对应着一种结构性的变化过程，这种变化并不遵循研究这种类型变化的作者所开发的模式，无论是将其定性为范式变化——如布鲁诺·若贝尔（1992）、彼得·霍尔（1993）或伊夫·苏雷尔（Yves Surel）（1995），还是从一种参考系统转换到另一种参考系统（Muller，1995）。这些作者提出的模型通常是基于三个假设：首先，基于实践和"观念"之间的紧密联系（Bleich，1998），在本章的其余部分，我们将使用"观念"一词来无区别指代思想、表征、参考系统、理论和认知框架；其次，观念的变化是实践、行动和程序变化的前提条件（Hall，1989；Jobert et Muller，1987；Muller et Surel，1998）；再次，通过革命产生变化，从一个范式或参照系统到另一个范式或参照系统的转变发生在危机情况下，导致行动者放弃操作框架，用另一个框架来取代它。

尽管我们不能否认观念对于法国高等教育变革的重要性，但这个案例却远远没有证实这三个假设（Musselin，2000）。我已经在其他几个地方讨论了其中的第一个，但更详细地讨论第二个和第三个仍然是有用的。

一、导致不同参考框架的新做法

前面对合同政策的发展和实施的分析对"观念"（idées）变化的首要地位提出了质疑，因为它表明"大学现代化"的参照系统并不是合同化的起源。相反，该参考体系是在合同政策实施后，通过实践及其意义之间一连串越来越广泛的反复而得到澄清、发展和正式化的。新做法的引入先于关于这些做法的话语的传播，但玩合同化游戏的行为者同时掌握了做法和话语体系。这个反复的过程导致了"教义"和合同程序范围的逐渐扩大，这反过来又导致了对大学的角色及其与监管者——教育部之间关系的重新认识。独立自主的大学这一概念逐渐与现代化、管理合理化、领导力以及预算和教育供应政策的发展联系起来。

大学合同的实施是实践及其意义之间丰富的迭代过程的起点，这一过程逐渐扩展到合同政策框架之外，并成为一个基于更自主的大学、整合场所和机构政策表达的大学教育概念的支撑。合同政策的扩大和加强的机制与保罗·皮尔逊（Paul Pierson）在研究（1997）中所提出的对路径依赖的定义非常相似。这个概念通常被用来解释过去的事件、现有的制度和一般的历史对当下变化的可能的影响，而皮尔逊在这里建议用它来分析采取一种路径而不是另一种路径的累积效应[1]。他指出了有利于累积机制的情况的特点："当以下因素有可能出现时，这些正反馈过程就会发生作用。1.多重均衡。在一组有利于收益增加的初始条件下，通常可能出现一些结果。2.偶然性。相对较小的事件，如果发生在正确的时刻，可以产生巨大和持久的后果（……）。3.时间和顺序的关键作用（……），事件发生的时间与事件发生的事实同样重要。4.惯性（……）。一旦选择了一条道路，惯性就会占上风。"（1997：30）（作者译）这些不同的因素对合同政策有很大的启发，因为合同政策似乎满足了所有这些不同的条件：1.本来可能出现其他的解决方案；2.该政策的效果比"单纯"引入一个新程序所预期的要更重大；3.它发生在一个有利的时机；4.一旦运动开始，它就会加速并扩散，使恢复以前的平衡变得不太可能。一旦启动，合同政策就指明了一条新的道路，第一批合同所描画的道路逐渐被拉长、扩大、实施和巩固，同时被越来越多的"用户"所采纳。

然而，应该补充的是，这种累积过程并不仅仅是由越来越多的相同行为产生的，如同一个特定的技术被用户采用，然后被改善性能，从而使越来越多的其他用户选择它而不是选择另一个技术。这在很大程度上要归功于论证、说明和合法化的工作，这些工作伴随

---

[1] 皮尔逊（1997）从经济学家那里借用了"回报增加""自我强化过程""正反馈"机制的概念，说明它们如何被用来分析政策现象。他首先描述了经济学家（即Arthur，1994）所认为的对这些机制有利的条件："巨大的设施或固定成本、学习效应、协调效应、适应性预期（行为者以实现其预期的方式调整其行为）。"然后，他指出了使这些强化机制极有可能出现的政策领域的特点，并强调了制度密度极高、集体行动的核心作用以及政策的内在复杂性。

并鼓励对合同政策的支持，并使合同成为教育部使用的一系列管理工具的一部分。"教义"的正式发展加速了培训和强化的效果。通过这套规范性准则的发展，以及其中所包含的大学和教育部的概念，"大学合同"可以成为中央行政部门内、外的一种合法做法：一种被理解为服务于有用目的、回应问题、提供解决方案的做法。总之，它不仅仅是一个工具；它本身已成为一个"项目"，具有意义，并被制度化了（Selznick，1957；Powell et DiMaggio，1991）。因此，它的实施导致了新的实践、新的表述和大学教育公共行动新理念的合法化；同时，它也是实现这些目标的工具。它的实施导致了一种相互竞争的认知矩阵的形成和推广。这是在引入创新实践之后出现的，但在其制度化过程中也发挥了决定性的作用。

二、通过整合而非革命来实现变革

合同政策所揭示的结构性变化过程不仅让人质疑观念和行动之间的因果关系，而且还对传统上与这种规模的发展相关联的变革模式提出了质疑。在法国大学的案例中，新的矩阵并没有取代之前的矩阵，而是被添加到它上面。"大学"并没有征服"学科"，但它们相对削弱了学科的分量，使其成为法国大学教育管理的一个额外组成部分。

因此，在危急情况下，并不存在一个参考系统被一个新的、完全不同的系统所取代的范式革命。相反，存在着聚合（Lascoumes，1994），一个新的系统被嫁接到之前的系统上。两者偶有冲突性结合，这使法国大学朝着新的方向发展，并修改了教育部监督的条件。这并不意味着是渐进式变革（Lindblom，1959；Marsh et Rhodes，1992：261）或一个路径转换过程（Pierson，1996；Palier，1999），整体情况的转变并不是通过一连串的小动作发生的。引入大学合同是一个强有力的行动，尽管这个行动花了几年时间才完全生效，但它确实构成了一个突破，一个从 A 状态到 B 状态的转变。但 B 与 A 并非完全不同，或者更准确地说，B 保留了 A 的元素，这与所举例子中范式的变化概念的涵义相反：从维持大量农业人口在小块土地上耕作到农村人口外流和大面积耕作（Muller，1984），从兵工厂的逻辑到民用航空市场的逻辑（Muller，1989），从新古典经济学到凯恩斯理论（Hall，1989）。

因此，对合同政策的分析为制度框架的稳定性和变革的可能性的调查带来了新的材料。它不仅揭示了创新的作用及其脆弱性，也揭示了观念在创新制度化中的重要性。它不是暗示行为者被禁锢在规范和认知的空间里盲目行动，而是促使我们认识到他们的自主性，他们有能力以不同的方式思考并促进新的或不同的表述的发展，同时也指出了威胁创新的各种危险——背景性的（政治的重新排序）或结构性的（由于结构僵化）。我的分析并没有将制度框架变革的可能性限制在新的参考系、新的理论或新的观念的发展上，而是强调了这些系统、理论或观念在新的实践制度化中的重要作用，并表明重大变革可能通过聚合而非通过革命发生。

结　论

　　自 20 世纪 60 年代以来，法国媒体关于大学的文章以及报纸和杂志的专题报道都做出了同样的诊断：大学正处于危机之中，必须进行改革。值得注意的是，自 80 年代中期以来，这种评估几乎没有变化。综合来看，媒体对这一问题的报道几乎表明，危机是法国大学教育永久的自然状态。学业失败率（Yahou et Raulin，1997），毕业生失业率（Vergnies，1997；Sigot et Vergnies，1998），学生因不了解规则而迷失方向（Lapeyronnie et Marie，1992），教师因过度拥挤的课堂而疲惫不堪，大量改革无果而终等，这些问题当然有批判的余地，但很难让人无动于衷。然而，这些问题不应该掩盖已经发生的真实和深刻的变化，因为这些变化与人们常说的大学，特别是法国大学的惰性，以及大学系统改革的不可能性等言论相矛盾。将我 20 世纪 80 年代对法国大学的研究与今天的研究进行简单的历时性比较后会发现，重大的变化已经发生，这些变化再次让大学在法国高等教育中占有一席之地。

迈向一种新的构型

向更自主、更强势的机构转变，只是影响法国大学整体构型的更大变化的可见一面，也就是说，教育部、大学和学术职业之间的关系，以及这三个集体行为者的相对比重发生了改变。过去的十年是一个决定性的转折点，因为它深刻动摇了自拿破仑改革以来这三个实体之间的关系。通过加强国家中央集权和大学教育的标准化，重新创建院系，阻止大学教育的发展，以及建立一个全国性的中央集权行会，19世纪初的帝国大学为围绕三个轴心的构型奠定了基础：两个中心同时存在，一个是国家，另一个是行会；两者之间存在联合管理关系；大学消失，由此产生了院系的力量。这导致了极其标准化的大学教育的发展，它以学科差异为基础，但又基于平等、统一和国家性原则。

在接下来的一百五十年里，没有一项改革能够改变这种构型，甚至连第三共和国的共和主义改革者那雄心勃勃的努力也没能改变，因为这些改革在赋予大学行政地位的同时，也在实际上加强了国家和行会中心以及它们之间的关系，并使单一学科的学院成为系统的支柱。直到1968年，《富尔法》废除了院系制，法国的大学系统才能够使大学成为监管机构和学术界之间的一个中间层次，并将组织结构与学术职业管理结构分开。然而，这项法律并没有影响到系统的双重中央集权或国家—行会联合管理，而新的大学在接下来的二十年里仍然是系统的薄弱环节。起初，大学面临着决策机构政治化的问题，后来，中央政府赋予它们的自主权越来越少，而中央政府以前的管理方法却丝毫未改变。然而，这一次，学科由于本身的力量被削弱，未能趁势取而代之。在以前的院系中，同行之间的合议运作和院长的形象赋予了这些机构自我组织和指导的能力。它们代表了学者们认同的统一实体，在其中形成了强烈的归属感。1968年后，教学与研究单位（UER）鲜少重新创造出学院的凝聚力，而由不同的系选举产生的 UER 主任也极不可能像院长那样作为科学和道德的权威人物而存在。在《富尔法》颁布之后的二十年里，"专业"（即以学科为基础）和"机构"（即大学）的监管模式被削弱，这使得大学学者有了更大的自主权。这种影响有时是不可取的，例如，容忍过度的自由放任，这种情况确实发生了，因为几乎没有任何手段来控制它。这种影响也可能是有益的，例如，当大学学者利用这种个人自主权来开发项目时。选拔性专业学位项目的成功，与法国国家科学研究中心（CNRS）、法国国家卫生与医学研究所（INSERM）、法国国家农业研究所（INRA）等机构的联系的增加（以及由此产生的研究组织与大学之间的交织），某些学者与企业或地方当局之间的直接联系的发展，这些在很大程度上都取决于某些学者在建立此类联系、响应招标、跟进教育部激励措施等方面的个人能力。削弱院系的束缚为个体的主动性留下了更大的空间，但也削弱了大学的管理，加剧了内部的分裂和外部的差异（Musselin, 1987）。

20世纪80年代末，大学合同的引入深刻地影响了这种情况，它通过建立一种新的平衡改变了法国大学构型,其本身是通过两方面的发展而产生的。

第一,从国家层面到地方层面,从国家中心到各个大学的滑动。合同化不仅涉及引入可供谈判的程序,而且还修改了教育部作为监管者的角色。此外,这意味着大学要开始参与处理以前由教育部负责的问题,并成为一个独立的层次,确定其自身政策并使之相互一致。

第二,这种有利于大学的重新平衡也削弱了行会中心。这方面最明显的表现是,以学科为中心的逻辑在教育部中的垄断地位结束了。这种逻辑现在不得不"适应"以大学为中心的逻辑。教育部固守的学院思维的崩溃,与中央职业管理机构——国家大学委员会(CNU)的削弱是同时发生的。这一发展是由1992年的法令直接带来的,该法令将CNU的作用限制在候选人资格认证方面,并将最终的聘用决定权交给了地方专家委员会和大学机构。这些变化不能与合同政策直接挂钩,因为采取这些措施的目的不是为了增强大学的实力,也不是为了通过给大学在学术聘用方面更多的自主权来巩固合同。然而,正如我们对四个全国性的CNU学科部门和十几个地方聘用委员会的研究所显示的那样,这些措施恰恰产生了这样的效果(Blanchet et Musselin, 1996; Hanin, 1996; Blangy et Musselin, 1996; de Oliveira, 1998)。

因此,这些变化所形成的新构型更加平衡,大学变得更强大了,也更有能力开展更多集体行动,改变监管机构和行会之间形成的二对一联盟(Caplow, 1968),并进一步削弱了学科的分量和作用。

结论

法国大学何去何从?

我们应该如何看待这些变化?我们应该为这些变化感到高兴,还是感到担忧?它们将"产生"什么类型的大学?在寻求这些问题的答案时,我们很想看看其他国家的经验。事实上,法国所走的道路似乎与其他邻国一致。许多专家指出[1],欧洲国家的高等教育目前正在经历两个变化:从作为"文化机构"的大学(也称为学院式或研究型大学模式)转向作为"公共服务"[2]的大学(也称为管理式甚至创业型);从基于事前监管和监督的国家干预模式过渡到事后监管和评估的监督模式。法国合同政策的参与者使用了"现代化"的概念,投资信息化管理项目,加强大学校长团队权力的意愿,将新的任务下放到大学层面,将确定和确保地方政策协调性的任务下放到各个大学,以及重新界定监管机构角色的话语体系,这些发展综合起来似乎表明,法国正在朝着同一方向前进。而且,相对于周边国家,法国是走上变革之路最晚的国家之一,用它们的经验来评估法国的新方向可能产生的利弊似乎是合乎逻辑的。

---

1 观察、分析或痛惜这种发展的书籍和文章很多,包括 Neave, 1986; Cave et al., 1988; Maassen et Van Vught, 1988; Neave, 1988; Van Vught, 1989, 1995; Teichler, 1988, 1996; Maassen et Potman, 1990; Neave et Van Vught, 1991; Goedegebuure et al., 1993; Neave et Van Vught, 1994; Maassen, 1997; Merrien, Buttet et Anselmo, 1998; Braun et Merrien, 1999; Henkel et Little, 1999。
2 迪特马尔·布朗(Dietmar Braun)和弗朗索瓦-格扎维埃·梅里安(1999)使用的"公共服务"一词,与其说是指地位(公立和私立),不如说是指人们认为大学应该采取的立场:为学生、社会和商业服务并对其负责。

结论

不过，在确认法国正在发生的事情确实符合任何新的"欧洲模式"之前，以及在根据其他地方的长期经验来评估法国可能产生的影响之前，我们必须非常谨慎。我不愿意这样做，因为我认为从"合议制大学+干预主义国家"模式转变为"管理型大学+监管者国家"模式存在固有的弱点[1]。首先，这一模式假定了欧洲各大学过去的共同理想，而这是经不起任何历史分析的。至于管理型大学，在我看来，仔细观察就会发现它同样存在差异[2]。此外，最重要的是，为描述过去的状况而提出的串联将两个互不相容的人物组合在一起了。合议制大学和采用密切监督的干预主义国家根本不可能在一起。由"专业人士"控制的大学治理在定义上是与这种类型的教育部管理方式相互矛盾的。密切的国家监督和强有力的国家干预只能说明两种情况：没有专业的监管＋纯粹的官僚或国家控制的

---

1 在我看来，这种模式应该被理解为是对"大学世界"的社会学研究发展的反映。四十多年前，大多数研究认为大学是特殊的，强调大学运作的合议性（参见 Polanyi, 1962; Goodman, 1962; Millett, 1962），以及大学是以付出和回报机制为特征的同行社区（Hagstrom, 1965）。在某种程度上，这使得它有可能保护大学不受任何合理化运作的影响，无论是内部的（源于大学行政部门）还是外部的（来自教育部）。相反，管理型大学模式似乎非常接近于将"大学例外"作为该机构成员用来保护其垄断地位和保证收入的修辞。这种批评来自新韦伯的职业社会学家，他们指责默顿的功能主义者"用'社区'这个词来指代实际上是一个确保深奥知识实施的社会文化组织"（Karpik, 1995: 15），肯定地说，相反，职业成员首先关心的是有保障的收入，他们关注道德只是一个幌子。这些批评与公共选择运动（Buchanan et Tullock, 1962; Buchanan, 1967; Niskanen, 1971）和最近关于公共组织和大学的新公共管理思想（参见 Braun et Merrien, 1999）所提出的批评是一致的。

2 在汇集了欧洲大学的教育研究人员的会议上，必须花大量的时间介绍各自所研究的国家大学制度或系统的具体特点，这提醒我们离单一模式还有多远。

结论

指导（类似于前东欧国家的情况），或者是我为法国描述的官僚—无政府主义的勾结类型，这与缺席的大学相吻合。如果合议制模式确实是过去的模式，它必然伴随着国家的监管干预，这种干预可以是纠正性的，也可以是保护性的[1]。至于第二种组合模式，用它来描述现在的情况，是不完整的。一个管理型大学，更加贴近其"客户"，并与其他机构竞争，它不仅可以与纠正—监管型国家联系在一起，还可以与国家角色的退出联系在一起，因为大学间的监管可以主要通过市场调节机制来完成。总而言之，管理模式可以在或多或少的国家监管行动中发挥作用。因此，可能的组合比这些研究中提出的简单配对要多得多。为了说明过去和现在的真实变化，需要一个不那么简单的、比较宽松的分析框架。

其次，我还想指出，这种"模式"给人一种趋同的假象，在这个领域里，区别仍然很明显，改革进程仍然受到国家机构的限制。我们不应该草率地得出结论，认为大学正沿着一条清晰的道路不可避免地走向同一个模式，而这可能导致我们认为大学系统之间真正的、切实的差异是可以忽略的变量。法国今日的发展首先是法国大学系统的发展。这些发展的路径、提出的解决方案、产生的后果可能与其他地方的路径和政策产生共鸣，但这不应该掩盖法国大学构型的内部凝聚力或该构型的变化。这些评论不应该被解读为民族主

---

[1] 在纠正性干预中，教育部会在事后评估该行业的行动和决定，并可能为社会或经济需求进行调解，将其转化为符合科学进步的普遍利益的形式。在保护性干预中，该部的主要作用是保护大学不受经济、宗教领域或整个社会的影响，并使学术界能够保持其压倒性的主导地位。

结论

义,相反,它们相当于一个简单的观察,即不存在欧洲大学模式,这样的大学都还没有被建构,欧盟的大学系统仍然首先是国家的。尽管法国正在遵循的方向似乎与其他地方的方向并不冲突,但由于它是在一个与其他国家不同的制度框架中构建的,其大学系统目前仍然是独特的、具体的、民族的。

当然,没有一种单一的方式可以用来描述正在发生的变化,尽管这些变化都有一个共同点,那就是都有利于加强大学的管理能力。这在法国和欧洲其他国家都可以看到,这意味着今天的大学比昨天的大学更需要去处理"为科学而科学"和"为社会而大学"之间的平衡问题。然而,没有任何迹象表明它们将如何做到这一点或在这两极之间采取何种立场。这两种立场之间的紧张关系并不新鲜,相反,它是每一个大学系统所固有的。然而,它可以在不同的层面上被处理。在法国,这种紧张关系直到最近一直是以两种方式处理的:在国家层面上,教育部与行会联合管理,教育部调解和重新制定社会的要求,并鼓励大学接受这些要求[1];在个体层面,主要基于每个学者与其所处的环境建立的个人关系。最近的变化正在推动大学成为这种综合和管理的中心。在未来,大学将比过去更多地决定它们在多大程度上支持一个特定的"专业"方向(纯粹的科学研究或教学),以及如何充分整合外部需求、如何将这些需求转化为应用。我们不能完全排除法国大学成为只遵循市场规则的教育或培训"企业"的可能性,不过,在我看来,这种风险似乎是想象出

---

[1] 例如,专业学位课程的国家规范标准是与行会一起定义的,但其公开的目的是提供培训和为学生在特定的工作岗位上就业做准备。

结论

来的,而不是现实。第一,无论这种情况是令人遗憾还是值得称赞的,法国大学更大的自主权和强化的治理能力并没有使它们更接近美国的私立大学[1],后者对某些人来说是理想,对另一些人来说是邪恶的威胁,也就是那些经常被视为管理型大学的典型机构(尽管很难说是教育"企业")[2]。

第二,在法国,教育部角色的变化与其说是"削弱国家"的角色,不如说是"以不同的方式进行国家干预"。从国家到地方的转变伴随的并不是国家中心的消失,而是国家中心的职责转向均衡和再均衡、避免过度和预防可能出现的过度。

第三,法国国家干预模式的转变弱化了国家和中央集权,更注重评估而不是监督,这种转变与单一的大学治理模式不相适应。在我看来,尽管它引起了一些合理化的讨论,但法国发生的变化是令人满意的,因为它首先赋予法国大学学者更多的责任来管理学科的纯粹的"专业"需求与外部需求和期望之间的平衡。到目前为止,这项工作仍由教育部与能够进入中心的行会代表共同管理。法国大学的规模和异质性使得将这一责任从中心转移到大学和大学学者

---

[1] 法国大学和美国大学之间的差异是如此之大——后者采取的是选拔性录取、自由确定学者的工资、入学和学费,以及私营部门的会计规则等,因此,哀叹法国大学教育的美国化似乎很可笑,而且,这首先证明了感叹者是多么不明就里。

[2] 对美国大学运作的研究表明,私立研究型大学比那些只有少数或没有博士课程的公立或私立高等教育机构更注重"学术"标准(即与研究质量有关的标准)。在后一种类型的机构中,学生的压力、要求学习的课程内容要适应就业市场的呼声比研究型大学高得多,行政部门也是如此(例如,Clark, 1963, 1971; Brisset-Sillion, 1996; Gusfield et Riesman, 1968)。

结论

手中变得非常有意义。现在，大学、大学学者和教育部在这一变革中发挥着同等重要的作用，这是件坏事吗？

未来的挑战

因此，法国大学教育在过去十年所走的道路应该继续下去，但要完成这一过程还有很长的路要走。这些变化是最近才发生的，涉及组织和技术学习，需要改变行为和态度，并以传播和巩固新的表象为基础，是一个长期的过程。接下来，我将指出一些未来必须克服的困难。

法国大学的出现及其向更加自主的机构的转型，使组织机制发挥了作用，直接影响到其内部的运作和治理，给它们带来了三大挑战。

第一个挑战是将教育与研究单位（UFR）主任纳入大学治理中。如果要成功实施所选择的政策，校长团队需要其支持。目前，UFR主任没有履行这一职能：要么，他们拒绝扮演中间人的角色；要么，他们愿意这样做，但缺乏合法性或手段（在时间、能力或行动的杠杆方面）。UFR主任的处境特别不舒服，因为他们被要求执行在他们没有参与的情况下所做出的决定，如果他们满足行政办公室的要求，就有可能面临疏远UFR成员的风险。改善这种微妙状况的一个方法是，重新思考他们和大学领导层之间的权力分配，以及发明能让他们发挥更积极作用的治理模式来加强UFR主任的地位。将UFR主任纳入决策过程，扩大校长团队，更系统地将UFR主任纳入决策机构，肯定会赋予他们更大的管理权限，但这要以修改他们的职能为前提。UFR主任的工作需要成为一项全职的、更专业的活动，并在更长的时间内行使（这可以使担任这一职务的人不那么依赖他们的选举人）。事实上，如果大学要成为更强大的机构，这个过程似乎是不可避免的[1]。

大学面临的第二个挑战是在教育供应方面的地位。法国大学的学习项目比大多数外国大学更加多样化。在学校层面制定协调一致的政策似乎很难与保持这种一致性相协调：同一项政策不可能同时涵盖所有的差异。因此，人们期望大学能更清楚地表明其独特的教学和科研方法。这在一些大学中已经可以感觉到了，在"第三个千禧年大学"框架下准备的发展项目证实了这一趋势[2]。每个地区的大学集群都准备致力于优先事项，使其有别于其他大学集群。但是，在实施过程中就要面对预算和职位的内部重新分配、对学术职位招聘的影响，处理优先学科与其他学科之间、不同目标之间的紧张关系等问题——所有这些对法国大学来说都是新的练习，它们虽然学会了"说"，但不一定学会了"做"，因为多年来它们把"做"的责任留给了教育部，而教育部非但没有拒绝做选择，反而很乐意抓住机会将其观点强加于人。

最后一个挑战，也是不小的挑战，涉及的是行政和学术人事管理——尽管它是大学自治的一个基本条件，但通常不包括在大

---

1 这个解决方案的好处是不需要新的导向法，比如，最近在荷兰通过的加强"行政人员"的作用和权重，削弱"决策"机构并使其仅仅成为咨询机构的方案（见 de Boer et Huisman, 1999）。在法国，改革法规在政治上是不可取的，起草一部新的法律只会重新引发冲突和紧张。

2 可以参见1999年5月18日的《世界报》校园专栏。

结论

学自治中的领域；以及校长团队和大学理事会应更多地参与到招聘决策中。如果大学没有有意愿、有能力的人员，如何能够实施大学的具体政策？如果不能确保聘用的学者不仅在自己的领域有实力，而且还有很强的教学能力，欣赏并重视与学生的关系，并愿意为服务学生投入一些时间，又怎么能制定出改善接待学生的政策？同样地，如果没有吸引高质量候选人的激励措施，又如何能建立一个研究标杆？大学目前不愿意干涉专家委员会给出的排名，这种做法不应该被校长的自由选择所取代，但在这两个极端之间，大学的负责人或决策机构需要空间进行更仔细的审查，这将降低做出有问题的选择的风险，否则将使大学在未来的很多年里都受影响。此外，还需要集体制定内部"游戏规则"[1]的空间，以防止大学实施考虑不周的政策或偏离轨道。我们访谈的几乎所有学者[2]都认为，国家大学委员会（CNU）扮演着科学保证人的角色，这在很大程度上解释了为什么他们如此重视维持这个中央机构，但这个角色也可以从国家层面转移到地方层面。促进这一变化的最激进的方法当然是废除CNU。必须承认，目前这样的改革是不被接受的。然而，这将使中央行政部门从组织部门会议、处理和分发大量候选人的档案、组织选举等大量工作中解脱出来，并

---

[1] 举例说明一下这种"游戏规则"，系里的成员可以不同意雇用一个副教授（MCF）成为教授，以避免陷入地方主义；他们还可以制定其他的"游戏规则"，比如，规定只有有教学经验的候选人才可以被录用。

[2] 我们采访过的绝大多数历史或数学领域的学者和专家委员会成员都赞成保留CNU，因为在他们看来，这可以保证招聘选择的科学性。在我看来，也可以采取相反的观点：如果你已经岌岌可危，那就更容易"无所不为"了。

结论

能定期制定新的程序来规避"游戏规则"所产生的不利影响。当然，教育部有更好的事情要做。

事实上，除了大学的内部运作问题外，更多的多元化大学的出现正在考验教育部的能力——它该如何给自己定义一个新的角色，发展新的做法，发明不同于之前通过监管机构和国家规范所实现（并将继续适用）的一致性形式。直到现在，教育部必须确保情况具有可比性。现在，大学的多样性和每所大学试图为自己定义的特殊身份，将迫使教育部修改其行动和政策。著名的"猛犸象"（即中央行政部门）的转型将不得不关注质量多于数量。只有当教育部人员的任务和技能发生变化时，教育部才能发生变化。[1] 必须开发新的运作模式，进而有可能解决国家、平等主义原则与整个大学系统的多样化之间日益增长的矛盾。然而，摆脱规则制定者和规则应用监督者的角色并不容易。

最后，教育部角色的转型将必须重新定义专家评估在其中的地位和作用。我对专家的工作质量很有信心。社会学家弗朗索瓦·迪贝（François Dubet）（1999）在写到他最近在教育部的经历时，指出了专家建议存在强烈的趋同性——这清楚地表明了他们的公正性和科学严谨性。我同意，在专家中，偏袒行为或党派行为是例外，而不是常态。问题不在于专家评价的内在质量，而在于它所产生的反常的影响，其中包括：由中央行政部门选择的少数专家同时

---

[1] 这方面的问题被注意到了，但最终在执行合同政策时被低估了（Berrivin et Musselin, 1996）。

结论

也参与管理大学事务；行政人员在专家意见方面几乎没有独立性；由此造成的学科管理的垂直化和集中化；大学本身缺乏责任感。与迪贝不同，我认为这些运作模式必须被质疑和改变。专家评估是必要的，但它不应该在教育部内部和与中央行政部门的密切互动中实行。而且，这种评估不应该再采取"智者委员会"的形式，接收部长委托为其出具报告。目前，这类委员会的成员被要求在最短的时间内就不存在的数据编制报告，除了召集和听取相关人士的意见，指派其他专家外别无他法。他们会就听证会的综合情况和一系列建议达成一致意见，而这些建议又必须在报告提交给部委之前分发给媒体。如果专家们的结论与教育部的预期不符，或者教育部认为这些建议有可能在公共舆论中引起轩然大波，那么这些结论就有可能被埋没。这种针对高等教育部门的委员会和报告层出不穷。无论报告内容多么有趣，其影响都很微弱；无论委员会中的专家素质如何，其合法性都很有限。这说明，这种方法的效果是有限的。必须构思新的模式，使专家评估能够更加独立于作为监管者的教育部，使教育部能更独立于专家意见。无论选择什么样的方式——既可以是一个缓冲机构，如以前的英国大学资助委员会，也可以是瑞典高度重视的那种专门机构，关键是要进一步打乱学科的垂直管理。法国大学的历史表明，纵向的学科管理是造成大学惰性的一个自然因素和结构性因素。

尽管从表面上看，这份关于有待解决的领域的问题清单是片面的，甚至是有失偏颇的，但并不是不相干的。事实上，这项工作的主要困难不在于处理所提到的每一个问题，而在于控制它们的集体活力：教育部、大学和大学行会之间存在相互依存关系，这意味着，如果一个部门起步晚，就会拖累其他部门的发展。法国大学还需要更多的时间来明确地与拿破仑体系保持距离，但这一次，法国大学已经真正走上了这条道路。

致　谢

　　在致谢部分，作者通常会把对身边亲近人的感谢放到最后，但在此请允许我改变一下既定的秩序，从这些在日常生活中见证了文稿的缓慢诞生的人开始感谢。事实上，这本书的大部分内容是我在哈佛大学欧洲研究中心做访问学者的那一年完成的。我的家人陪我一起经历了这一过程。我想告诉拉斐尔和莱亚，我为他们在这期间能如此轻松地融入和适应美国的生活而感到骄傲。我还要感谢我的爱人洛朗·康什（Laurent Canches），感谢他同意陪我在离其工作地点几千公里之遥的地方度过一年的时光。我深知，为了和家人一起留在剑桥，作为纪录片的制片人，他不得不接受工作中的延误，做出许多让步，忍受诸多不便。

　　这本书的写作很大程度上归功于1998—1999年我在欧洲研究中心访学的一年，这要感谢哈佛大学和法美委员会富布赖特项目的资助。我对这两个机构给予的信任感激不尽。这个机会让我受益于欧洲研究中心那令人难以置信的思想活力，并在这种状态下进行写作，而非孤身一人。我要感谢那些通过他们的问题、批评和质询为本书的阐述做出贡献的中心人员。也同时感谢他们的热情和帮助，以及其中一些人的友谊，这让原本困难的写作工作变得容易。在中心所有常任成员和附属成员中，我要特别向佩珀·卡尔佩珀（Pepper Culpepper）、劳拉·弗拉德（Laura Frader）、阿瑟·戈德哈默（Arthur Goldhammer）、彼得·霍尔、斯坦利·霍夫曼（Stanley Hoffmann）、查尔斯·梅尔（Charles Maier）、安德鲁·马丁（Andrew Martin）、乔治·罗斯（George Ross）、塞雷内拉·斯费拉（Serenella Sfera）、罗斯玛丽·泰勒和朱迪丝·维齐尼亚克（Judith Vichniac）表达谢意。我要感谢1998—1999年和我一样被中心接待的所有的访问学者，以及经常出入中心四楼的博士生们。我还要特别感谢在访学期间和我在同一个办公室工作的格雷琴·布利安（Gretchen Bouliane），感谢她的幽默。还有杰奎琳·布朗（Jacqueline Brown）、阿比·柯林斯（Abby Collins）、乔治·卡明（George Cumming）、莉萨·埃申巴赫（Lisa Eschenbach）、安娜·波皮耶（Anna Popiel）和桑迪·塞尔斯基（Sandy Selesky），感谢你们让中心顺利运行，成为一个良好的生活场所。

　　本书还受益于贝尔纳·迪藏堡、多米尼克·德热（Dominique Desjeux）、奥利维尔·法弗罗（Olivier Favereau）、卡特琳·帕拉代斯、皮埃尔·穆勒、安托万·普罗斯特和阿恩特·佐尔格（Arndt Sorge）所提出的具有启发性的宝贵意见，多少言语都无法表达我的感激之情。

致谢

本书对近十五年来关于高等教育的调查研究与学术发表进行了综述。这在很大程度上要归功于埃拉尔·弗里德贝格，我和他一起走过了这段研究之路。作为组织社会学中心（CSO）的主任，他为我的研究工作的顺利开展提供了支持，为此我十分感激。

组织社会学中心在这项研究的开展中一直发挥着重要作用。中心研究人员对该研究的关注是令人振奋的，在中心公用办公室工作的博士生们也以其活力与幽默激励着该研究的推进。大家总能找到一些问题，将其作为研究的素材，并引人反思。中心几乎没人能逃过阅读我出版的书籍、发表的文章的第一稿，也没人能逃过听我在研讨会上介绍这些研究成果。我想感谢他们所有人，特别是那些我经常寻求帮助的人。最后，我特别感谢马莎·朱伯（Martha Zuber）和玛丽-安尼克·马祖瓦耶（Marie-Annick Mazoyer）的支持和耐心（以及他们在参考书目和文献方面所提供的不可缺少的帮助），感谢安尼克·赫德博特（Annick Heddebault）富有感染力的热情。

这本书是基于大量的实证研究写成的，其中包括相当数量的访谈研究、专著和调查报告分析。如果没有数百名同意回答我们问题的大学或中央行政部门的管理人员和教师研究人员的善意，这项研究就无法进行，我向他们表示感谢。我也非常感谢所有参与调查的人：马克·布朗日、索菲·布朗谢（Sophie Blanchet）、塞西尔·布里塞-西隆、洛朗·康什（Laurant Canches）、亚历山德拉·弗雷斯（Alexandra Fresse）、弗雷德里克·阿南（Frédéric Hanin）、芭芭拉·扬科夫斯基（Barbara Jankowski）、桑德林·利皮安斯基（Sandrine Lipiansky）、斯特凡妮·米尼奥-热拉尔（Stéphanie

Mignot-Gérard）、西尔维·德·奥利韦拉（Sylvie de Oliveira）、帕斯卡尔·桑切斯（Pascal Sanchez）、吕克·谢克（Luc Scheek），以及所有参与1995年和1998年集体调研的巴黎政治学院社会学高级研究文凭项目（等同于硕士）的研究生。

感谢法国高等教育和研究部多次给予的支持，感谢大学和机构现代化处，它资助我们开展了多个调查项目。没有这些机构的支持，本书所依据的研究计划是不可能完成的。感谢你们对我们的信任。我还要特别感谢阿兰·阿贝卡西斯（Alain Abecassis）和若塞特·苏拉（Josette Soulas），他们不仅为该研究的一些项目提供了资金支持，而且对研究成果表现出极大的兴趣，他们所给予的具有建设性的反馈意见丰富了这些成果。

最后，我还要感谢那些和我一样选择大学教学作为研究领域的同侪，他们中有的长期在该领域耕耘，有的时日尚短。我和他们有很多的学术交流，甚至有幸和其中几位合作，他们分别是皮埃尔·迪布瓦、玛丽-弗朗索瓦·法夫-博内（Marie-Françoise Fave-Bonnet）、贝特朗·吉罗·德·艾因、阿尔贝·格伊萨兹、玛丽·亨克尔（Mary Henkel）、莫里斯·科根（Maurice Kogan）、弗朗索瓦-格扎维埃·梅里安……感谢你们，让我想继续在这条路上坚持走下去。在与皮埃尔·穆勒无数次的亲切讨论中（尽管我们有分歧，但总是很友好），每次的分歧都是我厘清自己想法的机会，也让我期待能从他的工作中更好地受益。

学术名词对照表

卞翠

- UER（Unité d'enseignement et de recherche）：教学与研究单位，由 1968 年的《富尔法》创建，沿用至 1984 年。
- UFR（Unité de formation et de recherche）：教育与研究单位，其前身为 UER，是大学的基本学术结构组成部分，可以是单一学科组织，如历史，也可以是多个相关学科的集合体，如理科的教育与研究单位可以包括物理系、化学系、数学系等。每个 UFR 都设有一名主任，由 UFR 委员会选举产生，任期为五年。
- CEVU（Conseil des études et de la vie universitaire）：学习与大学生活委员会，重点关注课程与学生的校园生活。
- CNU（Conseil national des universités）：国家大学委员会，由五十五个部门组成，每个部门对应一个学科或分支学科。其主要职责是确定两类学术人员的候选人是否"合格"，即核实他们是否达到了法定最低资历要求，并评估这些人员的科学活动或学术活动在质量和数量上是否令人满意。全国委员会的每个部门由十八名教授和十八名副教授组成，其中三分之二的人员由各自的小组选举产生，另外三分之一由教育部任命。委员任期四年。

- les universitaires：学术人员，一般用 enseignant-chercheur（教师－研究人员）来表示。所有教研人员都是国家公务员。目前主要包括两个职业等级群体：Maîtres de conferences，简称 MCF（等同于我国的副教授）和 Professeurs（教授）。MCF 必须拥有博士学位，并获得法国全国高等教育人员资历认证。全职教授则须通过"指导研究资格"或者在一些学科中通过"高级资格认证"。几乎所有的教研人员都通过了国家大学委员会的资格认证。

- académie：学区。全法共计三十六个学区，每个学区由一名学区长领导，学区长是国家在教育领域的地方代表，必须拥有教授职称。每个学区长负责监督和管理本学区内小学、中学和大学教育国家政策的实施，但学区长在高等教育中的作用是有限的。

- Agrégation du supérieur：高等教育高级资格认证，竞争激烈的全国性考试，法律、政治学、经济学、工商管理和医学等学科博士（主要是副教授）通过该考试获得教授资格。成功通过考试的候选人人数与考试当年该学科在全国范围内的新教授职位数相同或低于该职位数。通过考试的候选人根据自己的排名从现有职位中进行选择，排名最靠前的候选人优先，以此类推。

- baccalauréat（Bac）：法国高中毕业考试，也是通过该考试后所授予的国家高中毕业文凭，终身有效。Bac 学位是进入大学学习的通行证，是继续高等教育的必要不充分条件。

- carte universitaire：大学分布图，用于确定大学教育供给和设施的地理分布。自 1965 年以来，教育部的官方任务之一就是确保大学教育供给和相应的配套设施在全法的有效性和平衡分布。

- commission de spécialistes：大学内部的学术委员会，每个学科或分支学科一个，委员任期四年，一半由全职教授或同等资历人员组成，另一半由副教授或同等资历人员组成（只对涉及副教授的问题做出决定）。委员会根据国家大学委员会所指定的合格候选人名单，就各自学科或分科的聘用和某些职业晋升问题做出决定。

- DEA（Diplôme d'études approfondies）：高级研究文凭，类似我国的研究型硕士学位，面向已完成硕士一年级学习的研究生，一年学制。学位获得者大多继续攻读博士学位。随着欧洲高等教育与研究一体化进程的推进，该类学位已经被研究型硕士学位（Master Recherche）取代。
- DESS（Diplôme d'études supérieures spécialisées）：高等专业研究文凭，类似我国的专业硕士学位，面向已完成硕士一年级学习的研究生，一年学制。随着欧洲高等教育与研究一体化进程的推进，该类学位已经被专业硕士学位（Master Professionnel）取代。
- grandes écoles：大学校，公立或私立的高等教育机构。与大学不同，该类机构设立严格的入学选拔程序，经过五到六年的高中后学习后，授予工程、工商管理和一些其他专业的学位。人们所熟知的巴黎综合理工学院、高等师范学院、国家行政学院等都属于大学校。其中，高等师范学院以培养文学和理学领域的教师和研究精英为目标，而国家行政学院则是以培养高级行政公务员为己任。大学校通常有自己的认证体系和教育项目，总体上享有很大的自主权。该类机构通常规模较小，每年毕业生最多可达三百人。
- IUT（Institut Universitaire de Technologie）：大学技术学院，虽然是大学的组成部分，但拥有较大的自主权，设立入学选拔机制。学生在完成两年的学习后，可获得大学的技术专业文凭。IUT 的负责人由教育部任命，不像 UFR 的负责人由选举产生。

参考文献

Actes du colloque (1997), *Université et gestion*, 13 et 14 mai, Poitiers, à l'occasion du 40ᵉ anniversaire de l'IAE de Poitiers.

Allègre C. (1993), *L'Âge des savoirs. Pour une renaissance de l'Université*, Paris, Gallimard.

Allègre C. (1998), « Politique contractuelle dans l'enseignement supérieur », texte adressé aux présidents et directeurs des établissements publics d'enseignement supérieur et aux recteurs d'académie, *Bulletin officiel*, 4 juin 1998.

Altbach P. G. (1996), *The International Academic Profession : Portraits of Fourteen Countries*, Princeton, Carnegie Foundation for the Advancement of Teaching, Ewing, California/Princeton, Fulfilment Services.

Altbach P. G. (1998), *Comparative Higher Education : Knowledge, the University and Development*, Greenwich, Ablex Pub. Corp.

Altbach P. G., Arnove R. F. et Kelly G. P. (eds) (1989), *Comparative Higher Education*, New York, Advent Books.

Altbach P. G., Kelly G. P. et Kelly T. S. (1979), *Comparative Education : Bibliography and Analysis*, New York, Praeger Publishers.

Antoine G. et Passeron J.-C. (1966), *La Réforme de l'université*, Paris, Calmann-Lévy.

ARESER (1997), *Quelques diagnostics et remèdes urgents pour une Université en péril*, Paris, Liber-Raisons d'agir.

Arthur W. B. (1994), *Increasing Returns and Path Dependency in the Economy*, Ann Arbor, University of Michigan Press.

Attali J. (Rapport de la Commission présidée par) (1998), *Pour un modèle européen d'enseignement supérieur*, Paris, Stock.

Baldridge J. V. (1971), *Power and Conflict in the University*, New York, John Wiley.

Baraize F. (1996), « L'entrée de l'enseignement supérieur dans les contrats de plan État-régions. La mise en réseau de la décision universitaire », dans J.-P. Gaudin (dir.), *La Négociation des politiques contractuelles*, Paris, L'Harmattan, p. 133-167.

Barnes B. (1974), *Scientific Knowledge and Sociological Theory*, Londres, Routledge et Kegan Paul.

Becher T. (1989), *Tribes and Territories. Intellectual Enquiry and the Culture of Disciplines*, Philadelphie, Open University Press.

Becher T. et Kogan M. (1992, 2e éd.), *Process and Structure in Higher Education*, Londres, Routledge.

Ben David, J. (1984, 2e éd.), *The Scientist's Role in Society*, Chicago, University of Chicago Press.

Bergeron H. (1998), « Soigner ou prendre soin des toxicomanes. Anatomie d'une croyance collective », Paris, doctorat de l'Institut d'études politiques de Paris.

Bergeron H. (1999), *L'État et la toxicomanie. Histoire d'une singularité française*, Paris, PUF.

Berrivin R. (1995), « Les contrats centre-périphérie comme levier de modernisation du management public. Analyse comparée des stratégies de changement et du pilotage de deux grands réseaux de services publics, ministère de l'Équipement, EDF-GDF Services », Paris, doctorat de l'Institut d'études politiques de Paris.

Berrivin R. et Musselin C. (1996), « Les politiques de contractualisation entre centralisation et décentralisation : les cas de l'équipement et de l'enseignement supérieur », *Sociologie du travail*, 38 (4), p. 575-596.

Bertrand D. (1993), *Le Travail professoral reconstruit : au-delà de la modulation*, Sainte-Foy, Presses de l'Université de Québec.

Bertrand D., Foucher R., Jacob R., Fabi B. et Beaulieu P. (1994), *Le Travail professoral remesuré : unité et diversité*, Sainte-Foy, Presses de l'Université de Québec.

Bezes P. (2001), « Defensive versus Offensive Approaches to Administrative Reform in France (1988-1997) : The Leadership Dilemmas of French Prime Ministers », *Governance*, 14 (1), p. 99-132.

Birnbaum R. (1983), *Maintaining Diversity in Higher Education*, San Francisco, Josey Bass.

Birnbaum R. (1986), « Leadership and Learning : The College Presidents as Intuitive Scientists », *The Review of Higher Education*, 9 (4), p. 381-395.

Birnbaum R. (1988), *How does College Work ?*, San Francisco, Josey Bass.

Birnbaum R. (1992), *How Academic Leadership Works ? Understanding Success and Failure in the College Presidency*, San Francisco, Josey Bass.

Blanchet S. et Musselin C. (1996), *Gestion des carrières et organisation disciplinaire les sciences historiques*, Rapport d'enquête, Paris, CSO.

Blangy M. (1994), *Le Baccalauréat*, Paris, CSDN, document ronéo.

Blangy M. et Musselin C. (1996), *Étude de cinq commissions de spécialistes en histoire*, Rapport d'enquête, Paris, CSO.

Blau P. (1973), *The Organization of Academic Work*, New York, Wiley-Interscience.

Bleich E. (1998), « Problem-Solving Politics : Ideas and Race Policies in Britain and France, 1945-1998 », *Journées annuelles de l'Association américaine de science politique*, Boston, du 3 au 6 septembre 1998.

Bloor D. (1976), *Knowledge and Social Imagery*, Londres, Routledge et Kegan Paul.

Boer H. (de) et Huisman J. (1999), « The New Public Management in Dutch Universities », dans D. Braun et F.-X. Merrien (eds.), *Towards a Model of Governance for Universities ? A Comparative View*, Higher Education Series, Londres, Jessica Kingsley Publishers, p. 100-118.
Boudon R. (1973), *L'Inégalité des chances*, Paris, A. Colin.
Boudon R. (1979), *Effets pervers et ordre social*, Paris, PUF.
Bourdieu P. (1984), *Homo Academicus*, Paris, Éditions de Minuit.
Bourdieu P. et Passeron J.-C. (1964), *Les Héritiers : les étudiants et la culture*, Paris, Éditions de Minuit.
Bourricaud F. (1971), *Universités à la dérive. France, États-Unis, Amérique du Sud*, Paris, Stock.
Bourricaud F. (1982), « France/The Prelude to the Loi d'orientation of 1968 », dans H. Daalder et E. Shils (eds.), *Universities, Politicians and Bureaucrats : Europe and the United States*, Cambridge, Cambridge University Press, p. 31-62.
Boyer E., Altbach P. et Whitelaw M. J. (1994), *The Academic Profession : An International Perspective*, Princeton, Carnegie Foundation for the Advancement of Teaching, Ewing, California/Princeton Fulfilment Services.
Braun D. et Merrien F.-X. (eds) (1999), *Towards a Model of Governance for Universities ? A Comparative View*, Higher Education Series, Londres, Jessica Kingsley Publishers.
Brint S. et Karabel J. (1991), « Institutional Origins and Transformations : The Case of American Community Colleges », dans W. W. Powell et P. J. DiMaggio (eds), *The New Institutionalism in Organizational Analysis*, Chicago, University of Chicago Press, p. 337-360.
Brisset C. (1994a), « Impact de la recherche sur la gestion et le pouvoir dans des universités publiques américaines : le cas de la State University of New York », Paris, *Politiques et management public*, 12 (3), p. 117-140.
Brisset C. (1994b), « Entre État et marché : les régulations du système universitaire de l'État de New York », Paris, doctorat de l'Institut d'études politiques de Paris.

参考文献

Brisset-Sillion C. (1996), « Administration centrale et autonomie universitaire : le cas de l'État de New York », *Sociologie du travail*, 38 (1), p. 45-61.

Brisset-Sillion C. (1997), *Les Universités publiques aux États-Unis : une autonomie sous tutelle*, Paris, L'Harmattan.

Brunsson N. (1993), « Ideas and Actions : Justification and Hypocrisy as Alternatives to Control », *Accounting Organizations and Society*, 18 (6), p. 489-506.

Buchanan J. (1967), *Public Finance in a Democratic Process*, Chapel Hill, University of North California Press.

Buchanan J. et Tullock G. (1962), *The Calculus of Consent*, Ann Arbor, University of Michigan Press.

Callon M. (dir.) (1989), *La Science et ses réseaux. Genèse et circulation des faits scientifiques*, Paris, La Découverte.

Caplow T. (1968), *Two against One : Coalitions in Triad*, Englewood Cliffs, Prentice Hall.

Cassier M. (1996), « Les contrats de recherche entre l'université et l'industrie », *Sociologie du travail*, 38 (3), p. 377-390.

Caullery M. (1920), *Les Réformes à faire dans les facultés des sciences*, RIE.

Cave M., Hanney S., Kogan M. et Trevett G. (1988), *The Use of Performance Indicators in Higher Education : A Critical Analysis of Developing Practice*, Londres, Jessica Kingsley Publishers.

Cerych L. et Sabatier P. (1986), *Great Expectations and Mixed Performance : The Implementation of Higher Education Reforms in Europe*, Trentham, Trentham Books.

Chaffee E. E. (1984), « Successful Strategic Management in Small Private Colleges », *Journal of Higher Education*, 55 (2), p. 213-241.

Chandler A. D. (1962), *Strategy and Structure : Chapters in the History of the Industrial Enterprise*, Cambridge, MIT Press.

Charle C. (1994), *La République des universitaires, 1870-1940*, Paris, Seuil.

Chevaillier T. (1998), « Moving away from Central Planning : Using Contracts to Steer Higher Education in France », *European Journal of Education*, 33 (1), p. 65-76.

Chevallier P., Grosperrin B. et Maillet J. (1968), *L'Enseignement français de la Révolution à nos jours*, Publications de la faculté de droit et des sciences économiques de Grenoble, Paris-La Haye, Éditions Mouton.

Clark B. R. (1963), « Faculty Organization and Authority », dans T. F. Lunsdorf (ed.), *The Study of the Academic Administration*, Boulder, Western Interstate Commission for Higher Education, p. 37-51.

Clark B. R. (1971), « Belief and Loyalty in College Organization », *Journal of Higher Education*, 42, p. 499-520.

Clark B. R. (1972), « The Organizational Saga in Higher Education », *Administrative Science Quarterly*, 17 (2), p. 178-184.

Clark B. R. (1983), *The Higher Education System : Academic Organization in Cross-national Perspectives*, Berkeley, University of California Press.

Clark B. R. (1987), *Academic Life, Small Worlds ; Different Worlds*, Princeton, Carnegie Foundation for the Advancement of Teaching/Princeton University Press.

Clark B. R. (1997a), « *The Entrepreneurial University : Demand and Response* », contribution présentée lors du 19e forum EAIR à l'Université de Warwick, août.

Clark B. R. (1997b), « Diversification of Higher Education : Viability and Change », dans V. L. Meek, L. Goedegebuure, O. Kivinen et R. Rinne (eds), The *Mockers and the Mocked : Comparative Perspectives on Differentiation, Convergence and Diversity, in Higher Education*, IAU Issues on Higher Education, Oxford, Pergamon Press.

Clark B. R. (1998), *Creating Entrepreneurial Universities*, Oxford, Elsevier Science.

Clark B. R. et Neave G. (eds) (1992), *The Encyclopedia of Higher Education*, Oxford, Pergamon Press.

参考文献

Clark T. N. (1971), « Le patron et son cercle : clef de l'Université française », *Revue française de sociologie*, 12 (1), p. 19-39.

Clark T. N. (1973), *Prophets and Patrons : The French University, and the Emergence of the Social Sciences*, Cambridge, Harvard University Press.

CNE (1990), *Priorités pour l'Université. Rapport au président de la République 1985-1989*, Paris, La Documentation française.

Cobb R. W. et Elder C. D. (1972), *Participation in American Politics : The Dynamics of Agenda*, Boston, Allyn and Bacon Inc.

Cohen H. S. (1978), *Elusive Reform : The French Universities, 1968-1978*, Boulder, Westview Press.

Cohen M. D., March J. G. et Olsen J. P. (1972), « A Garbage Can Model of Organizational Choice », *Administrative. Science Quarterly*, 17 (1), p. 1-25.

Cohen M. D. et March J. G. (1974), *Leadership and Ambiguity ; The American College President*, New York, Mac Graw Hill Book Company.

Collier R. B. et Collier D. (1991), *Shaping the Political Arena : Critical Junctures, the Labor Movement and Regine Dynamics in Latin America*, Princeton, Princeton University Press.

Colloque de Caen (1966), « Actes du colloque », *Bulletin quotidien de l'Association d'étude pour l'expansion de la recherche scientifique*, novembre.

Compagnon A. (1998), « Pourquoi la France n'a pas d'université ? », *Critique*, 611, p. 172-192.

Crane D. (1972), *Invisible Colleges : Diffusion of Knowledge in Scientific Community*, Chicago, University of Chicago Press.

Crespo M., Fave-Bonnet M.-F., Kopp B. (von) et Weiss M. (1999), *Faculty Perspectives on Policy Issues in Higher Education : A European Comparison*, Rapport d'enquête, Francfort-sur-le-Main, Deutsches Institut für Internationale Pädagogische Forschung.

Crozier M. (1964), *Le Phénomène bureaucratique*, Paris, Seuil.

Crozier M. (1979), *On ne change pas la société par décret*, Paris, Grasset et Fasquelle.

Crozier M. et Friedberg E. (1977), *L'Acteur et le Système*, Paris, Seuil.

Crozier M. et Thoenig J.-C. (1975), « La régulation des systèmes organisés complexes. Le cas du système de décision politico-administratif local en France », *Revue française de sociologie*, 16 (1), p. 3-32.

Davies J. et Morgan A. W. (1982), « The Politics of Institutional Change », dans L. Wagner (ed.), *Agenda for Institutional Change in Higher Education*, Guilford, Society for Research into Higher Education, p. 153-188.

Dodier N. (1995), *Les Hommes et les Machines*, Paris, Métailié.

Dubet F. (1994), « Dimensions et figures de l'expérience étudiante dans l'université de masse », *Revue française de sociologie*, 35 (4), p. 511-532.

Dubet F. (1999), « Du côté de l'action », *Sociologie du travail*, 41 (1), p. 79-88.

Dubois P. (1997*a*), « Croissance et diversité de l'offre de formation », *Formation et emploi*, 58, p. 7-12.

Dubois P. (1997*b*), « Les stratégies de l'offre de formation », *Formation et emploi*, 58, p. 13-26.

Dubois P. (1997*c*), « L'organisation des universités : complexification, diversification, rationalisation, évaluation », *Sociétés contemporaines*, 28, p. 13-32.

Dupuy F. et Thoenig J.-C. (1983), *Sociologie de l'administration française*, Paris, A. Colin.

Duran P. (1993), « Piloter l'action publique, avec ou sans le droit ? », *Politiques et management public*, 11 (4), p. 1-45.

Duran P. (1999), *Penser l'action publique*, Paris, LGDJ.

Eicher J.-C. (1997), « The Recent Evolution of Higher Education in France : Growth and Dilemmas », *European journal of Education*, 32 (2), p. 185-198.

Elias N. (1970), *Was ist Soziologie ?*, Munich, Juventa Verlag (édition française, 1993 : *Qu'est-ce que la sociologie ?*, Paris, Pocket).

Ellrodt R. (1992), « Rôle de l'instance nationale dans le recrutement et la promotion des enseignants du supérieur : du comité consultatif au CNU », dans E. Friedberg et C. Musselin (dir.), *Le Gouvernement des universités, perspectives comparatives*, Paris, L'Harmattan, p. 225-239.

Ellström P.-E. (1983), « Four Faces of Educational Organizations », *Higher Education*, 12, p. 231-241.

Enders J. et Teichler U. (1995), *Der Hochschullehrerberuf im internationalen Vergleich. Ergebnisse einer Befragung über die wissenschaftliche Profession in 13 Ländern*, Bonn, BMBWFT.

Erlich V. (1998), *Les Nouveaux Étudiants. Un groupe social en mutation*, Paris, A. Colin.

Esprit (1964), « Faire l'université. Dossier pour la réforme de l'enseignement supérieur », 328 (numéros spéciaux 5 et 6).

Eurich N. P. (1981), *Systems of Higher Education in twelve Countries. A Comparative View*, New York, Praeger Publishers.

Evans P. B., Rueschemeyer D. et Skocpol T. (eds) (1985), *Bringing the State Back In*, Cambridge, Cambridge University Press.

Ewert P. et Lullies S. (1985), *Das Hochschulwesen in Frankreich : Geschichte, Strukturen und gegenwärtige Probleme im Vergleich*, Munich, IHF.

Faure E. (1969), *Philosophie d'une réforme*, Paris, Plon.

Fave-Bonnet M.-F. (1990), « Enseignant-chercheur, approche d'un métier », Communication au « Colloque de l'Association internationale de pédagogie universitaire, pédagogie et enseignement universitaire, révolution ou illusion », Nice, 30 mai-2 juin 1990.

Fave-Bonnet M.-F. (1993), *Les enseignants- chercheurs physiciens*, Paris, INRP.

Fave-Bonnet M.-F. (1997), « Université : les consequences de la croissance », *French Politics and Society*, hiver 1997, p. 18-28.

Favereau O., Lascoumes P., Musselin C. et Berrivin R. (1996), « Introduction » du numéro spécial sur « Contrats et pratiques contractuelles : approches pluridisciplinaires », *Sociologie du travail*, 38 (4), p. 433-440.

Filâtre D. (dir.) (1993), *Collectivités locales et politiques universitaires. Les enjeux des délocalisations universitaires*, Rapport dans le cadre du programme de recherche-expérimentation « L'université et la ville », Université de Toulouse-Le Mirail.

Fridenson P. (1972), *Histoire des usines Renault*, Paris, Seuil.

Friedberg E. (1993), *Le Pouvoir et la Règle*, Paris, Seuil.

Friedberg E. et Musselin C. (1989), *En quête d'universités*, Paris, L'Harmattan.

Friedberg E. et Musselin C. (dir.) (1992), *Le Gouvernement des universités, perspectives comparatives*, Paris, L'Harmattan.

Friedberg E. et Musselin C. (1993), *L'État face aux universités*, Paris, Anthropos.

Fussel H. P. et Neave G. (1996), *Relations between the State and Higher Education*, La Haye, Kluwer Law International.

Galland O. (dir.) (1995), *Le Monde des étudiants*, Paris, PUF.

Garraud P. (1990), « Politiques nationales : élaboration de l'agenda », *L'Année sociologique*, 40, p. 17-41.

Gaudin J.-P. (dir.) (1996), *La Négociation des politiques contractuelles*, Paris, L'Harmattan.

Gaudin J.-P. (1999), *Gouverner par contrat*, Paris, Presses de Sciences Po.

Gazier B., Marsden D. et Silvestre J.-J. (dir.) (1998), *Repenser l'économie du travail : de l'effet d'entreprise à l'effet sociétal*, Toulouse, Octarès Éditions.

Gerbod P. (1965), *La Condition universitaire en France au XIXe siècle*, Paris, PUF.

Giere R. N. (1988), *Explaining Science : A Cognitive Approach*, Chicago, University of Chicago Press.

Girod de l'Ain B. (1989), « La corporation universitaire et l'État : le monopole et le territoire », *Sociologie du travail*, 31 (4), p. 477-493.

Girod de l'Ain B. (1997), « Qui entre à l'Université ? Qui en sort ? », *Esprit*, 234, p. 30-39.

Glaser B. G. (1964), *The Organizational Scientist Their Professional Careers*, Indianapolis, Indiana, The Bobbs-Merill Company.

Goedegebuure L., Kaiser F., Maassen P., Meek L., Van Vught F. et Weert E. (de) (1993), « Resümee : Trends. Probleme. Leistungsansatze der Hochschulpolitik », dans L. Goedegebuure, F. Kaiser, P. Maassen, L. Meek et E. de Weert (dir.), *Hochschuolitik im internationalen Vergleich*, Güterloh, Verlag Bertelsmann Stiftung, p. 379-420.

Goodman P. (1962), *The Community of Scholars*, New York, Random House.

Grémion P. (1976), *Le Pouvoir périphérique. Bureaucrates et notables dans le système politique français*, Paris, Seuil.

Gueissaz A. (1997), « Informatisation et dynamique des relations entre administratifs, enseignants et étudiants dans les établissements universitaires », *Sociétés contemporaines*, 28, p. 33-56.

Gueissaz A. (1999), *Les Modes universitaires et leur informatique. Pratiques de rationalisation*, Paris, CNRS Éditions.

Guénée S. (1978), *Bibliographie de l'histoire des universités françaises des origines à la Révolution*, t. I et II, Paris, A. et J. Picard.

Gusdorf G. (1964), *L'Université en question*, Paris, Payot.

Gusfield J. et Riesman D. (1968), « Faculty Culture and Academic Careers », dans K. Yamamoto (ed.), *The College Student and his Culture*, Boston, Houghton Company, p. 271-291.

Hagstrom W. O. (1965), *The Scientific Community*, New York, Basic Books.

Hall P. A. (ed.) (1989), *The Political Power of Economic Ideas : Keynesianism across Nations*, Princeton, Princeton University Press.

Hall P. A. (1993), « Policy Paradigms, Social Learning and the State », *Comparative Politics*, 25 (3), p. 275-296.

Hall P. A. et Taylor R. (1996), « Political Science and the Three Institutionalims », *Political Studies*, 44 (5), p. 936-937, publié en français (1997) : « La science politique et les trois néo-institutionnalismes », *Revue française de science politique*, 47 (3 et 4), p. 469-496.

Hanin F. (1996), *Gestion des carrières et organisation disciplinaire : les mathématiques*, Rapport d'enquête, Paris, CSO.

Hannan M. T. et Freeman, J. (1989), *Organizational Ecology*, Cambridge, Harvard University Press.

Hardy C. (1989), « La gestion des restrictions budgétaires dans les universités : deux expériences canadiennes », *Sociologie du travail*, 31 (4), p. 4.27-453.

Hardy C. (1990), *Managing Strategy in Academic Institutions : Learning from Brazil*, Berlin, De Gruyter.

Hardy C. (1992), « Les stratégies internes des universités canadiennes face aux restrictions budgétaires », dans E. Friedberg et C. Musselin (dir.), *Le Gouvernement des universités*, Paris, L'Harmattan, p. 55-90.

Hardy C. *et al.* (1983), « Strategy Formulation in the University Setting », *Review of Higher Education*, 6 (4), p. 407-433.

Henkel M. (1996), « Frameworks for the Research », Seminar on *International Study of Higher Education Reforms*, Stockholm, avril.

Henkel M. et Little B. (eds) (1999), *Changing Relationships between Higher Education and the State*, Londres, Jessica Kingsley Publishers.

Iribarne P. (d') (1989), *La Logique de l'honneur : gestion des entreprises et traditions nationales*, Paris, Seuil.

Jamous H. (1969), *Sociologie de la décision : la réforme des études médicales et des structures hospitalières*, Paris, CNRS.

Jobert B. (1992), « Représentations sociales, controverses et débats dans la conduite des politiques publiques », *Revue française de science politique*, (42) 2, p. 219-234.

Jobert B. et Muller P. (1987), *L'État en action*, Paris, PUF.

Kahn C. et Huberman G. (1988), « Two Sided Uncertainty and Up or Out Contracts », *Journal of Labor Economics*, 6 (4), p. 423-444.

Kant E. (1798), *Der Streit der Fakultäten in drei Abschnitten*, Königsberg, F. Nicolovius (édition française, 1955, *Le Conflit des facultés*, Paris, Vrin).

Karady V. (1985), « Lettres et sciences : effets de structure dans la sélection et la carrière des professeurs de faculté (1810-1914) », dans C. Charle et R. Ferré (dir.), *Le Personnel de l'enseignement supérieur en France aux XIXe et XXe siècles*, Paris, Éditions du CNRS, p. 2945.

Karady V. (1986*a*), « De Napoléon à Duruy : les origines et la naissance de l'Université contemporaine », dans J. Verger (dir.), *Histoire des universités en France*, Toulouse, Éditions Privat, p. 261-322.

Karady V. (1986*b*), « Les universités de la IIIe République », dans J. Verger (dir.), *Histoire des universités en France*, Toulouse, Éditions Privat, p. 323-366.

Karpik L. (1995), *Les Avocats. Entre l'État, le public et le marché. XIXe-XXe siècles*, Paris, Gallimard.

Kingdon J. W. (1984), *Agendas, Alternatives and Public Policies*, New York, Harper Collins.

Knorr-Cetina K. (1996), « Le "souci de soi" ou les "tâtonnements" : ethnographie de l'empirie dans deux disciplines scientifiques », *Sociologie du travail*, 38 (3), p. 311-330.

Kogan M. (1997), « Diversification in Higher Education : Differences and Communalities », *Minerva*, 35, p. 47-62.

Kogan M., Bauer M., Bleiklie L et Henkel M. (2000), *Transforming Higher Education. A Comparative Study*, Londres, Jessica Kingsley Publishers.

Kornhauser W. (1962), *Scientists in Industry*, Berkeley, University of California Press.

Laffont J.-J. et Tirole J. (1993), *A Theory of Incentives in Procurement and Regulation*, Cambridge, MIT Press.

Lapeyronnie D. et Marie J.-L. (1992), *Campus blues : les étudiants face à leurs études*, Paris, Seuil.

Lascoumes P. (1994), *L'Éco-pouvoir. Environnements et politiques*, Paris, La Découverte.

Lascoumes P. et Valluy J. (1996), « Les activités publiques conventionnelles (APC) : un nouvel instrument de politique publique ? L'exemple de la protection de l'environnement industriel », *Sociologie du travail*, 38 (4), p. 551-574.

Latour B. (1989), *La Science en action*, Paris, La Découverte.

Latour B. et Woolgar, J. (1979), *Laboratory Life : the Social Construction of Scientific Facts*, Beverly Hills, Sage Publication.

Le Gales P. et Thatcher M. (dir.) (1995), *Les Réseaux de politique publique. Débat autour des Policy Networks*, Paris, L'Harmattan.

Liard L. (1888), *L'Enseignement supérieur en France, 1789-1889*, Paris, A. Colin.

Lichnerowicz A. (1966), « Pour des universités », Rapport général établi à la suite des réunions d'un groupe de travail préparatoire, *Association d'étude pour l'expansion de la recherche scientifique*, p. 1-23.

Liedman S.-E. (1993), « In search of Isis : General Education in Germany and Sweden », dans S. Rothblatt et B. Wittrock (eds), *The European and American University since 1800. Historical and Sociological Essays*, Cambridge, Cambridge University Press.

Lindblom C. E. (1959), « The Science of Muddling Through », *Public Administration Review*, 19 (1), p. 79-88.

Lipiansky S. et Musselin C. (1995), *La démarche de contractualisation dans trois universités françaises : les effets de la politique contractuelle sur le fonctionnement des établissements universitaires*, Rapport d'enquête, Paris, CSO.

Lochak D. (1986), « La haute administration française à l'épreuve de l'alternance. Les directeurs d'administration centrale en 1981 », dans J. Chevallier (dir.), *La Haute Administration et la politique*, Paris, CURAPP-PUF, p. 49-79.

Lochak D. (1992), « Les hauts fonctionnaires et l'alternance : quelle politisation ? », dans P. Muller (dir.), *L'administration française est-elle en crise ?*, Paris, L'Harmattan, p. 35-58.

Lucas C. J. (1994), *American Higher Education : A History*, New York, St Martin's Press.

Lucas P. (1987), *L'Université captive : l'avenir de l'enseignement supérieur*, Paris, Publisud.

Lynch M. (1993), *Scientific Practice and Ordinary Action. Ethnomethodology and Social Studies of Science*, Cambridge, Cambridge University Press.

Maassen P. (1997), « Quality in European Higher Education : Recent Trends and their Historical Roots », *European Journal of Education*, 32 (2), p. 111-197.

Maassen P. et Potman H. P. (1990), « Strategic Decision Making in Higher Education, an Analysis of the New Planning System in Dutch Higher Education », *Higher Education*, 20, p. 393-410.

Maassen P. et Van Vught F. (1988), « An Intriguing Janushead : The Two Faces of the New Governmental Strategy for Higher Education in the Netherlands », *European Journal of Education*, 23 (1 et 2), p. 65-76.

Magliulo B. (1982), *Les Grandes Écoles*, Paris, PUF, coll. « Que sais-je ? ».

March J. G. et Simon H. (1958), *Organizations*, New York, Wiley.

Marcson S. (1960), *The Scientists in American Industry*, New York, Harper and Brothers.

Marin B. et Mayntz R. (eds) (1991), *Policy Networks : Empirical Evidence and Theoretical Consideration*, Boulder, Westview Press.

Marsh D. et Rhodes R. A. W (eds) (1992), *Policy Networks in British Government*, Oxford, Clarendon Press.

Maurice M., Sellier F. et Silvestre J.-J. (1982), *Politique d'éducation et organisation industrielle en France et en Allemagne*, Paris, PUF.

参考文献

Mayeur F. (1985), « L'évolution des corps universitaires (1877-1968) », dans C. Charle et R. Ferré (dir.), *Le Personnel de l'enseignement supérieur en France aux XIXe et XXe siècles*, Paris, Éditions du CNRS, p. 11-28.

McDaniel O. C. (1996), « The Paradigms of Governance in Higher Education Systems », *Higher Education Policy*, 9 (2), 137-158.

Meek V. L. (1991), « The Transformation of Australian Higher Education : From Binary to Unitary System », *Higher Education*, 21, p. 461-494.

Meek V. L., Goedegebuure L., Kivinen O. et Rinne R. (eds) (1996), *The Mockers and the Mocked : Comparative Perspectives on Differentiation, Convergence and Diversity in Higher Education*, IAU Issues on Higher Education, Oxford, Pergamon Press.

Meltzer L. (1956), « Scientific Productivity in Organizational Settings », *Journal of Social Issues*, 12 (2), p. 32-40.

Merlin P. (1980), *L'Université assassinée. Vincennes, 1968-1980*, Paris, Ramsay.

Merrien F.-X. (1994), « Université, villes, entreprises : vers un nouveau contrat social ? », dans F. Dubet, D. Filâtre, F.-X. Merrien, A. Sauvage et A. Vince (dir.), *Universités et villes*, Paris, L'Harmattan, p. 83-140.

Merrien F.-X., Buttet A.-C. et Anselmo F. (1998), *La nouvelle gestion publique de l'enseignement supérieur aux Pays-Bas. Étude et évaluation d'une réforme institutionnelle*, Rapport pour le Conseil suisse de la science.

Merrien F.-X. et Monsigny O. (1996), *Nouvelles universités ou universités nouvelles ? Le management des universités nouvelles et les attentes des acteurs*, Paris, Datar/ISSP.

Merrien F.-X. et Musselin C. (1999), « Are French Universities Finally Emerging ? Path Dependency Phenomena and Innovative Reforms in France », dans D. Braun et F.-X. Merrien (eds), *Towards a Model of Governance for Universities ? A Comparative View*, Londres, Jessica Kingsley Publishers, p. 220-238.

Merton R. K. (1962a), « Priorities in Scientific Discovery : A Chapter in the Sociology of Science », dans B. Barber et W. Kirsch (eds), *The Sociology of Science*, Westport, Greenwood Press Publishers, p. 447-485 (reproduit de R. K. Merton (1957), dans *American Sociological Review*, 22, p. 635-659).

Merton R. K. (1962b), « Science and the Social Order », dans B. Barber et W. Hirsch (eds), *The Sociology of Science*, Westport, Greenwood Press Publishers, p. 16-28 (reproduit de R. K. Merton (1957), *Social Theory, and Social Structure*, New York, The Free Press of Glencoe, p. 537-561).

Meyer J. W. et Rowan B. (1977), « Institutionalized Organizations : Formal Structure as Myth and Ceremony », *American journal of sociology*, 83 (2), p. 340-363.

Mignot-Gérard S. et Musselin C. (1999), *Comparaison des modes de gouvernement de quatre universités françaises*, Rapport d'enquête, Paris, CSO/CAFI.

Millett J. D. (1962), *Academic Community : An Essay on Organization*, New York, McGraw-Hill.

Millot B. et Orivel F. (1976), « L'allocation des ressources dans l'enseignement supérieur français », Dijon, doctorat de l'Université de Dijon.

Minot J. (1991), *Histoire des universités françaises*, Paris, PUF, coll. « Que sais-je ? ».

Mintzberg H. (1979), *The Structuring of Organizations*, Englewood Cliffs, Prentice-Hall.

Mintzberg H. et Mac Hugh A. (1985), « Strategy Formation in an Adhocracy », *Administrative Science Quarterly*, 30 (2), p. 160-197.

Minvielle E. (1997), « Gérer la singularité à grande échelle : le cas du patient hospitalisé », *Actes du séminaire Condor*, IX, p. 39-62.

Moraw P. (1982), *Klein Geschichte der Universität GieBen 1607-1982*, Gießen, Verlag der Ferberischen Universitätsbuchhandlung.

Muller P. (1984), *Le Technocrate et le Paysan : essai sur la politique française de modernisation de l'agriculture de 1945 à nos jours*, Paris, Éditions ouvrières.

Muller P. (1989), *Airbus : l'ambition européenne. Logique d'État, logique de marché*, Paris, L'Harmattan.

Muller P. (1995), « Les politiques publiques comme construction d'un rapport au monde », dans A. Faure, G. Pollet et P. Warin (dir.), *La Construction du sens dans les politiques publiques : débat autour de la notion de référentiel*, Paris, L'Harmattan, p. 153-179.

Muller P. et Surel Y. (1998), *L'Analyse des politiques publiques*, Paris, Montchrestien.

Musselin C. (1987), « Système de gouvernement ou cohésion universitaire : les capacités d'action collective de deux universités allemandes et de deux universités françaises », Paris, doctorat de l'Institut d'études politiques de Paris.

Musselin C. (1992), *Rapport de synthèse sur deux directions opérationnelles*, Rapport d'enquête, Paris, CSO/CAFI.

Musselin C. (1996), « Organized Anarchies : A Reconsideration of Research Strategies », dans M. Warglien et M. Masuch (eds), *The Logic of Organizational Disorder*, Berlin, De Gruyter, p. 55-72.

Musselin C. (1997*a*), « Les universités à l'épreuve du changement : préparation et mise en œuvre des contrats d'établissement », *Sociétés contemporaines*, 28, p. 79-101.

Musselin C. (1997*b* et 1999), « State/University Relations and How to Change Them », *European journal of Education*, 32 (2), p. 145-164, reproduit dans M. Henkel et B. Little (eds) (1999), *Changing relationships between Higher Education and the State*, Londres, Jessica Kingsley Publishers, p. 42-68.

Musselin C. (1997*c*), « Les universités sont-elles des anarchies organisées ? », dans J. Chevallier (dir.), *Désordre(s)*, CURAPP, PUF, p. 291-308.

Musselin C. (1998), « Autonomie des universitaires / autonomie des universités », dans R. Bourdoncle et L. Demailly (eds), *Les Professions de l'éducation et la formation*, Villeneuve-d'Ascq, Septentrion, p. 159-171.

Musselin C. (2000), « The Role of ideas in the Emergence of Convergent Higher Education Policies in Europe : The Case of France », *Working Paper Series*, 73, Center for European Studies, Harvard University.

Musselin C. et Brisset C. (1989), *Rapport sur les administrations de tutelle des universités en France et en RFA*, correspondant à la décision d'aide n° 86JO351 du ministère de la Recherche et de l'Enseignement supérieur, Paris, CAFI.

Neave (1986), « On Shifting Sands : Changing Priorities and Perspectives in European Higher Education from 1984 to 1986 », *European Journal of Education*, 21 (1), p. 7-24.

Neave G. (1988), « On the Cultivation of Quality, Efficiency and Enterprise : An Overview of Recent Trends in Higher Education in Western Europe, 1986-1988 », *European Journal of Education*, 23 (1 et 2), p. 7-23.

Neave G. et Van Vught F. (1991), *Promotheus Bound : The Changing Relationship between Government and Higher Education in Western Europe*, Oxford, Pergamon Press.

Neave G. et Van Vught F. (eds) (1994), *Government and Higher Education Relationships across three Continents : The Winds of Change*, Oxford, Pergamon Press.

Neumann A. (1989), « Strategic Leadership : The Changing Orientations of College Presidents », *The Review of Higher Education*, 12 (2), p. 137-151.

Neusel A. et Beckmeier C. (1991), *Entscheidungsverflechtung an Hochschulen*, Francfort-sur-le-Main, Campus Verlag.

Niskanen W. A. (1971), *Bureaucracy and Representative Government*, Chicago, Aldine Atherton.

O'Flaherty B. et Siow A. (1995), « Up or Out Rules in the Market for Lawyers », *Journal of Labor Economics*, 13 (4), p. 709-735.

Oliveira S. (de) (1998), *Étude de cinq commissions de spécialistes en mathématiques*, Rapport d'enquête, Paris, CSO.

参考文献

Padioleau J.-G. (1982), *L'État au concret*, Paris, PUF.
Palier B. (1999), « Réformer la Sécurité sociale. Les interventions gouvernementales en matière de protection sociale depuis 1945 », Paris, doctorat de l'Institut d'études politiques de Paris.
Paradeise C. (1998), « Pilotage institutionnel et argumentation : le cas du département SHS au CNRS », dans A. Borzeix, A. Bouvier et P. Pharo (dir.), *Sociologie et connaissance. Nouvelles approches cognitives*, Paris, CNRS Éditions.
Pavé F. (1989), *L'Illusion informaticienne*, Paris, L'Harmattan, p. 205-228.
Pfeffer J. et Salancik G. (1974), « Organizational Decision Making as a Political Process », *Administrative Science Quarterly*, 19 (2), p. 135-151.
Pierson P. (1996), « The Path to European Integration : A Historical Institutionalist Analysis », *Comparative Political Studies*, 29 (2), p. 123-163.
Pierson P. (1997), « Path Dependence, Increasing Returns, and the Study of Politics », Center for European Studies, *Working Paper Series*, # 7.7, Harvard University.
Piore M. (1998), « Le message de J.-J. Silvestre : une conversation interrompue », dans B. Gazier, D. Marsden et J.-J. Silvestre (dir.), *Repenser l'économie du travail : de l'effet d'entreprise à l'effet sociétal*, Toulouse, Octarès Éditions, p. 3-26.
Polanyi M. (1962), « The Republic of Science : Its Political and Economic Theory », *Minerva*, 1 (1), p. 54-73.
Potocki Malicet D. (1997), « Les règles de scolarité dans l'Université : importance et rôle des règles et des pratiques locales », *Sociétés contemporaines*, 28, octobre, p. 57-78.
Powell W. W. et DiMaggio P. J. (eds) (1991), *The New Institutionalism in Organizational Analysis*, Chicago, University of Chicago Press.
Premfors R. (1980), « The Politics of Higher Education in a Comparative Perspective : France, Sweden, United Kingdom », *Stockholm Studies in Politics*, 15.

Prost A. (1968), *Histoire de l'enseignement en France 1800-1967*, Paris, A. Colin.

Prost A. (1992), *Éducation, société et politiques : une histoire de l'enseignement en France de 1945 à nos jours*, Paris, Seuil.

Quermonne J.-L. (1973), « Place and Role of University Institute of Technology in the French New Universities », dans OCDE, *Short-Cycle Higher Education : A Search for Identity*, Paris, OCDE, p. 211-234.

Quermonne J.-L. (1981), *Étude générale des problèmes posés par la situation des personnels enseignants universitaires*, Paris, CNDP.

Rémond R. (1979), *La Règle et le Consentement. Gouverner une société*, Paris, Fayard.

Renaut A. (1995), *Les Révolutions de l'Université. Essai sur la modernisation de la culture*, Paris, Calmann-Lévy.

Rhoades G. (1990), « Political Competition and Differentiation in Higher Education », dans J. C. Alexander et P. Colony (eds), *Differentiation Theory and Social Change*, New York, Columbia University Press, p. 187-221.

Rhodes R. A. W. et Marsh D. (1995), « Les réseaux d'action publique en Grande-Bretagne », dans P. Le Galès et M. Thatcher (dir.), *Les Réseaux de politique publique. Débat autour des « Policy Networks »*, Paris, L'Harmattan (trad. de « Policy Networks in British Politics : A Critique of Existing Approaches », dans D. Marsh et R. A. W. Rhodes [eds] [1992], *Policy Networks in British Government*, Oxford, Clarendon Press), p. 31-68.

Riesman D. (1956), *Contraint and Variety in American Education*, Lincoln, University of Nebraska Press.

Ringer F. K. (1969), *The Decline of the German Mandarins : The German Academic Community 1890-1933*, Cambridge, Harvard University Press.

Rocard M. (1985), *À l'épreuve des faits*, Forum de l'Expansion, Paris, Seuil.

Salancik G. et Pfeffer J. (1974), « The Bases and Use of Power in Organizational Decision Making », *Administrative Science Quarterly*, 19 (4), p. 453-473.

Salmon P. (1982), « France : The Loi d'orientation and its Aftermath », dans H. Daalder et E. Shils (eds), *Universities, Politicians and Bureaucrats : Europe and the United States*, Cambridge, Cambridge University Press, p. 63-102.

Satow R. L. (1975), « Value-rational Authority and Professional Organizations : Weber's Missing Type », *Administrative Science Quarterly*, 20 (5), p. 526-531.

Schriewer J. (1972), *Die französischen Universitäten 1945-1968. Probleme, Diskussionen, Reformen*, Bad Heilbrunn, Kinkhardt.

Selznick P. (1957), *Leadership in Administration : A Sociological Interpretation*, New York, Harper and Row.

Shepard H. A. (1962), « Nine Dilemmas in Industrial Research », dans B. Barber et W. Hirsch (eds), *The Sociology of Science*, Westport, Greenwood Press Publishers, p. 344-355.

Sigot J.-C. et Vergnies F. (1998), « L'insertion professionnelle des diplômés de l'enseignement supérieur. Enquête 1997 auprès des sortants de 1994 », *série Observatoire*, 137, Marseille, Cereq.

Silvestre J.-J. (1998), « Marché du travail et crise économique : de l'immobilité à la flexibilité », dans B. Gazier, D. Marsden et J.-J. Silvestre (dir.), *Repenser l'économie du travail : de l'effet d'entreprise à l'effet sociétal*, Toulouse, Octarès Éditions, p. 147-160.

Simonet S. (1999), « La politique d'offre de formation de trois universités et son articulation avec la politique ministérielle », Paris, DEA de l'Institut d'études politiques de Paris.

Simoulin V. (1997), « L'européanisation du Nordern. Histoire de la réarticulation institutionnelle d'une coopération régionale (1980-1996) », Paris, doctorat de l'Institut d'études politiques de Paris.

Simoulin V. (1999), *La Coopération nordique : l'organisation régionale de Europe du Nord depuis la tentation autonome jusqu'à l'adaptation à l'Europe*, Paris, L'Harmattan.

Siow A. (1995), « The Organization of the Market for Professors », *Working paper*, n° UT-ECIPA-SIOW-95-01, Université de Toronto.

Stroup H. M. (1966), *Bureaucracy in Higher Education*, New York, Free Press.

Surel Y. (1995), « Les politiques publiques comme paradigmes », dans A. Faure, G. Pollet et P. Warin (dir.), *La Construction du sens dans les politiques publiques : débats autour de la notion de référentiel*, Paris, L'Harmattan, p. 125-151.

Swann A. (de) (1995), *Sous l'aile protectrice de l'État*, Paris, PUF.

Tatéossian P. (1995), « Étude du système d'assainissement de l'agglomération parisienne », Paris, mémoire de DEA, IEP de Paris.

Taylor W. H. (1983), « The Nature of Policy-Making in Universities », *The Canadian Journal of Higher Education*, 13 (1), p. 17-31.

Teichler U. (1988), *Changing Patterns of the Higher Education Systems : The Experience of Three Decades*, Londres, Jessica Kingsley Publishers.

Teichler U. (1996), « The Changing Nature of Higher Education in Western Europe », *Higher Education Policy*, 9 (2), p. 89-111.

Tierney W. G. (1988), « Organizational Culture in Higher Education », *Journal of Higher Education*, 59 (1), p. 1-21.

Torstendahl R. (1993), « The Transformation of Professional Education in the nineteenth Century », dans S. Rothblau et B. Wittrock (eds), *The European and American University since 1800. Historical and Sociological Essays*, Cambridge, Cambridge University Press, p. 109-141.

Touraine A. (1972), *Universités et société aux États-Unis*, Paris, Seuil.

Urfalino P. (1993), « L'échec d'une contre-politique culturelle. La Fédération nationale des centres culturels communaux », dans P.-M. Menger et J.-C. Passeron (eds), *L'Art de la recherche. Essais en l'honneur de Raymonde Moulin*, Paris, La Documentation française.

Urfalino P. (1996), *L'Invention de la politique culturelle*, Paris, La Documentation française.

Urfalino P. et Vilkas C. (1995), *Les Fonds régionaux d'art contemporain. La délégation du jugement esthétique*, Paris, L'Harmattan.

Van de Graaff J. H. (1976), « The Politics of Innovation in French Higher Education : The University Institutes of Technology », *Higher Education*, 5, p. 189-210.

Van de Graaff J. H., Goldschmidt D., Clark B. R., Wheeler D. F. et Furth D. (1978), *Academic Power : Patterns of Authority in Seven National Systems of Higher Education*, New York, Praeger Publishers.

Van Vught F. (ed.) (1989), « Governmental Strategies and Innovation in Higher Education », *Higher Education Policy Series*, 7, Londres, Jessica Kingsley Publishers.

Van Vught F. (1995), « Policy Models and Policy Instruments in Higher Education : The Effects of Governmental Policy-making on the Innovative Behaviour of Higher Education Institutions », Vienne, *Institut für Hohere Studien Series*, 26.

Van Vught F. (1997), « Isomorphism in Higher Education ? Towards a Theory of Differentiation and Diversity in Higher Education Systems », dans V. L. Meek, L. Goedegebuure, O. Kivinen et R. Rinne (eds), *The Mockers and the Mocked : Comparative Perspectives on Diffentiation, Convergence and Diversity in Higher Education*, Oxford, Pergamon Press, p. 42-58.

Verger J. (dir.) (1986), *Histoire des universités en France*, Toulouse, Éditions Privat.

Verger J. et Vulliez C. (1986), « Crise et mutation des universités françaises à la fin du Moyen Âge », dans J. Verger (dir.), *Histoire des universités en France*, Toulouse, Éditions Privat, p. 109-137.

Vergnies F. (1997), « Diplômés de l'enseignement supérieur. Insertion des étudiants sortis en 1992 », *série Observatoire*, 122, Marseille, Cereq.

Vilkas C. (1996), « Évaluations scientifiques et décisions collectives : le Comité national de la recherche scientifique », *Sociologie du travail*, 38 (3), p. 331-348.

Vroom V. (1983), « Leaders and Leadership in Academy », *Review of Higher Education*, 6 (4), p. 367-386.

Weick K. E. (1976), « Educational Organizations as Loosely Coupled Systems », *Administrative Science Quarterly*, 21 (1), p. 1-19.

Weir M. (1989), « Ideas and Politics : The Acceptance of Keynesianism in Britain and the United States », dans P. A. Hall (ed.), *The Political Power of Economic Ideas, Keynesianism across Nations*, Princeton, Princeton University Press, p. 53-86.

Weisz G. (1977), « Le corps professoral de l'enseignement supérieur et l'idéologie de la réforme universitaire en France, 1860-1885 », *Revue française de sociologie*, 18 (2), p. 201-232.

Weisz G. (1983), *The Emergence of Modern Universities in France : 1863-1914*, Princeton, Princeton University Press.

Williamson O. E. (1975), *Markets and Hierarchies*, New York, Free Press.

Windolf P. (1997), *Expansion and Structural Change. Higher Education in Germany, the United States and Japan, 1870-1990*, Boulder, Westview Press.

Yahou N. et Raulin E. (avec la collaboration de S. Ducatez) (1997), *De l'entrée à l'Université au deuxième cycle : taux d'accès réel et simulé. Les dossiers d'éducation et formations*, Paris, Ministère de l'Éducation nationale, de l'Enseignement supérieur et de la Recherche, DEP.

Zetlaoui J. (1997), « Le métier d'enseignant du supérieur : spatialisations et spatialités : le cas d'une université de la

banlieue parisienne, Paris XII-Val-de-Marne », Créteil, doctorat de l'Université Paris XII-Val-de-Marne.
Zetlaoui J. (1999), *L'Universitaire et ses métiers. Contribution à l'analyse des espaces de travail*, Paris, L'Harmattan.

图书在版编目(CIP)数据

法国大学的长征/(法)克里斯蒂娜·穆塞林著;卞翠译.—北京:商务印书馆,2024
(大学、思想与社会)
ISBN 978-7-100-23482-5

Ⅰ.①法… Ⅱ.①克… ②卞… Ⅲ.①高等教育—教育史—法国 Ⅳ.①G649.565.9

中国国家版本馆 CIP 数据核字(2024)第 049103 号

权利保留,侵权必究。

大学、思想与社会
法国大学的长征
〔法〕克里斯蒂娜·穆塞林 著
卞翠 译

商务印书馆出版
(北京王府井大街36号 邮政编码100710)
商务印书馆发行
北京新华印刷有限公司印刷
ISBN 978-7-100-23482-5

2024年7月第1版 开本 880×1230 1/32
2024年7月北京第1次印刷 印张 8¾
定价:58.00元